The Secret Family of Pancho Villa: An Oral History

La Familia Secreta de Pancho Villa: Una Historia Oral

The Secret Family of Pancho Villa: An Oral History

La Familia Secreta de Pancho Villa: Una Historia Oral

by
Rubén Osorio

Translated by
John Klingemann

Sul Ross State University
A Member of the Texas State University System
Center for Big Bend Studies
Occasional Papers No. 6

ISBN 0-9647629-8-6

Center for Big Bend Studies,
Occasional Papers No. 6

Robert J. Mallouf, *Series Editor*
Darleen Ramos, *Editor*
Kelly S. García, *Technical Editor*

CONTENTS/CONTENIDO

PREFACE

The Secret Family of Pancho Villa: An Oral History, presents the results of an investigation into the uncertain social origin in Durango, Mexico, of José Doroteo Arango better known as Francisco "Pancho" Villa, the Mexican Revolutionary. For this reason, the research has to do with the daily and private lives of numerous men and women from different social levels who lived in the Porfirian-era state of Durango during the end of the nineteenth century and revolutionary Mexico at the beginning of the twentieth century. The research delves into the social, familial, and personal relationships of these people and brings them to light.

With the exception of a declaration that Villa made in 1922 when he assured a journalist that his last name was neither Villa nor Arango, and that his real father was an hacendado of Spanish origin, he never spoke of his origin. This left questions that had to be answered by an oral research project supported by archival investigations.

Researching the origin of Pancho Villa and his secret family could only be accomplished with the collaboration of many people to whom I am indebted with gratitude. First of all, I express my gratitude to two ladies I interviewed, Mrs. María de Jesús Quiñones and Ms. Manuela Quiñones Santillano, who recently passed on to a better life.

I appreciate that my friend Dr. Pablo Camacho Fermán from Chihuahua City confiding in me about the kinship between the Fermán family and Pancho Villa. I am also in debt to Rafaela Fermán Hernández from Guadalajara City and Jesús and José Fermán from Torreón City whose help was crucial to this research. I would also like to express my gratitude toward Guadalupe Camacho de Téllez of Torreón City for her help and hospitality.

In the same manner, I express my thanks to all of the descendants of the Fermán and Quiñones families who voluntarily gave me their testimonies. Their memories, enthusiasm, and help permitted me to advance my research. I include here Jesús, Gabriela and Lucía Fermán Flores; Inés Deydier; Cecilia Fermán de García; Emma Saucedo Quiñones; Francisca Quiñones Orozco and her son Silvestre and daughter María del Refugio; Manuel Fermán Alvarado; María Pedroza de Estrada; Socorro Camacho Fermán; Luz Aranda Fermán; Socorro Fermán de Muñiz; María Elena, Teresa, and Juan Fermán Hernández; Luz Fermán de Rivera; Margarita Camacho de López-Puga; Josefina Fermán Villarán; and Rosario Fermán de León. All of these people not only received me in a hospitable manner, but also let me live with them in their homes and invited me to ceremonies, family gatherings, dinners, and baptisms.

I would also like to show my gratitude toward those people who, in various parts of Mexico, helped me. I have a special debt of gratitude to my friend Héctor Hernández from Chihuahua, my inseparable friend during my long hours of field work. The same goes for Professor Esbardo Carreño, director of the Culture House in San Juan del Río, Durango; Luis Carbajal, official historian in Canatlán City; attorney at law, Hector Palencia Alonzo, director of the Institute of Cultrue of Durango; anthropologist María Luisa Reyes Landa, director of the Historical Archives of Durango; Dr. Miguel Valle Bueno and Gloria Cano, director and researcher of the Institute of Historical Research at the Universidad Juárez in Durango; Carlos Estrada Barraza, Bacterial Chemist of Durango; Marcelino Martínez Freyre, Municipal President of San Juan del Río. And my profound sincere gratitude for

Don Antonio Mier, Priest of San Francisco de Asís Church in San Juan del Río, for his generous help.

I express my gratitude to Sul Ross State University in Alpine, Texas, especially to its president, Dr. R. Vic Morgan; Dr. David L. Cockrum, Vice-President of Academic Affairs; and Robert J. Mallouf, the Director of the Center for Big Bend Studies, for his financial, technical, and moral support. I also express my gratitude to Dr. Rubén Lau and Dr. Carlos González Herrera, president and secretary of the Universidad Autónoma de Ciudad Juárez, Chihuahua, for their financial support. I would like to show my appreciation toward Dr. Mark Saad Saka, assistant professor of history at Sul Ross State University, for agreeing to write the prologue; Melleta Bell, director of the Archives of the Big Bend, for her collaboration and superb work with the photographs of Villa, Miguel, and Luis Fermán. The same goes to John Klingemann, bilingual curator of the Museum of the Big Bend, for his excellent translation of the manuscript into English; historian Glenn Willeford who read the manuscript and gave me valuable suggestions; Dr. Gerald Raun and Carolina Casanova who revised the English translation, Alma Montemayor, who revised the manuscript in Spanish, Darleen Ramos who revised and edited the manuscript in both languages; to Kelly García, for her careful editing and her work with the photographic material; and David Hart, for the design and elaboration of the map and genealogical trees. The work they did has contributed to improve the content of this book that was conceived in Mexico and brought to light in the United States.

And to my friends in Alpine, Gerald and Dian Raun and Robert and Lynne Mallouf for their generous backing and hospitality.

Finally, once more, I would like to show my gratitude toward my wife Guadalupe for her unending patience and understanding. Besides reading and critically commenting on the manuscript and constantly showing her support during the nearly four years that the investigation and editing took, there wasn't a moment of rest in our house that she didn't share with General Francisco Villa, whom she dubbed *Don Pancho*.

PREFACIO

La Familia Secreta de Pancho Villa: Una Historia Oral, es el resultado de una investigación sobre el incierto origen social en el estado de Durango, México, de José Doroteo Arango, mejor conocido como Francisco "Pancho Villa", el revolucionario mexicano. Por esta razón, la investigación tiene que ver con la vida cotidiana y privada de numerosos hombres y mujeres pertenecientes a diferentes estratos sociales, que vivieron en el Durango porfiriano de fines del Siglo XIX y en el México revolucionario de principios del Siglo XX. La investigación saca a la luz, necesariamente, sus relaciones sociales, familiares y personales.

Excepción hecha de una declaración que Villa hizo en 1922, en la Hacienda de Canutillo, al asegurar a la escritora Esperanza Velázquez Bringas que su apellido no era Villa ni Arango, y que su verdadero padre era un hacendado de origen español apellidado Germán, nunca hizo declaraciones sobre su verdadero origen. Esto dejó un vacío de información que tuvo que ser llenado por una investigación oral apoyada por una investigación archival.

Esta investigación sobre el origen de Pancho Villa y su familia secreta, sólo podía ser realizada contando con la colaboración de numerosas personas con las que estoy en deuda imperecedera. En primer lugar, expreso mi agradecimiento póstumo a dos de las damas que entrevisté, la Sra. María de Jesús Quiñones y la Srita. Manuela Quiñones Santillano, quienes recientemente pasaron a mejor vida.

Agradezco a mi amigo el Dr. Pablo Camacho Fermán, su confianza al proporcionarme la información inicial sobre el parentesco entre la familia Fermán y Pancho Villa. También estoy en deuda con Rafaela Fermán Hernández, de Guadalajara, con Jesús y José Fermán, y Guadalupe Camacho de Téllez, de Torreón, cuya ayuda fue decisiva para este proyecto.

De la misma manera, quiero expresar mi gratitud a los descendientes de las familias Fermán y Quiñones quienes voluntariamente me proporcionaron sus testimonios. Sus memorias, su apoyo y entusiasmo me permitieron seguir adelante con mi investigación. Incluyo aquí a Jesús, Gabriela y Lucía Fermán Flores; Inés Fermán de Deydier; Cecilia Fermán de García; Emma Saucedo Quiñones; Francisca Quiñones Orozco y sus hijos Silvestre y María del Refugio; Manuel Fermán Alvarado; María Pedroza de Estrada; Socorro Camacho Fermán; Luz Aranda Fermán; Socorro Fermán de Muñiz; María Elena; Teresa y Juan Fermán Hernández; Luz Fermán de Rivera; Margarita Camacho de López-Puga; Josefina Fermán de Villarán; Rosario Fermán de León. Todas estas personas no sólo me recibieron hospitalariamente y me proporcionaron sus testimonios, sino que me permitieron convivir con ellas en sus hogares y me invitaron a ceremonias, fiestas y bautizos.

También quiero expresar mi gratitud a las personas que en varias partes de México me ayudaron. Tengo una especial deuda de gratitud con Hector Hernández de Chihuahua, mi amigo inseparable durante las largas horas de trabajo de campo. La misma deuda tengo con el profesor Esbardo Carreño, director de la Casa de la Cultura en San Juan del Río, Durango; con don Luis Carbajal, Cronista de Canatlán; con el Lic. Héctor Palencia Alonso, director de la Casa de la Cultura en Durango; con la antropóloga María Luisa Reyes Landa, directora del Archivo Histórico de Durango, con el Dr. Miguel Valle Bueno y Gloria Cano, director e investigadora del Instituto de Investigaciones Históricas de la Universidad Juárez, de Durango; con el químico bacteriólogo

Carlos Estrada Barraza, de Durango y con el señor Marcelino Martínez Freyre, presidente municipal de San Juan del Río. Y mi más profundo agradecimiento al padre Antonio Mier, párroco de la iglesia de San Francisco de Asís, en San Juan del Río, por su generosa ayuda.

También expreso mi gratitud a la Universidad Estatal Sul Ross de Alpine, Texas, especialmente a su presidente el Dr. R. Vic Morgan, al Dr. David L. Cockrum, vice presidente de asuntos académicos, y al arqueólogo Robert J. Mallouf, director del Centro de Estudios del Big Bend por su ayuda financiera, técnica y moral. De la misma manera agradezco al Dr. Rubén Lau y al Dr. Carlos González Herrera, rector y secretario general de la Universidad Autónoma de Ciudad Juárez por su apoyo financiero para realizar esta investigación. También deseo expresar mi gratitud al Dr. Mark Saad Saka, professor de historia en la Universidad Sul Ross, por haber accedido a prologar el libro y a Melleta Bell, directora del los Archivos del Big Bend por su colaboración y el excelente trabajo que realizó con las fotografía de Villa y de Miguel y Luis Fermán. De la misma manera, mi gratitud para John Klingemann, curador bilingüe del Museo del Big Bend por su excelente traducción del manuscrito al inglés; al historiador Glenn Willeford quien leyó el manuscrito y me hizo valiosas sugerencias; al Dr. Gerald Raun y Carolina Casanova, que revisaron el manuscrito en inglés, a Alma Montemayor, que revisó el manuscrito en español, a Darleen Ramos por la revisión y edición en ambos idiomas, y a David Hart por el diseño del mapa y de los árboles genealógicos.

Mi más profundo agradecimiento para Kelly García por la edición final del libro y su magnífico trabajo con el material fotográfico. La ayuda profesional, la amistad y el apoyo moral de todas estas personas, contribuyeron, sin duda, a mejorar el contenido y la forma de esta obra que, concebida en México, ve la luz en Estados Unidos. Y para mis amigos en Alpine,

Gerald and Dian Raun y Robert y Lynne Mallouf, mi agradecimiento por su maravillosa hospitalidad.

Finalmente, una vez más agradezco a mi esposa Guadalupe, su interminable paciencia y comprensión. Además de leer y comentar críticamente el manuscrito y de brindarme constantemente su apoyo durante los casi cuatro años que duró la investigación y edición de este libro, no hubo un sólo momento de descanso en nuestro hogar, que ella no compartiera con *Don Pancho*, como llama ya familiarmente al general Francisco Villa.

PROLOGUE

José Doroteo Arango, alias Francisco "Pancho" Villa, emerged during the Mexican Revolution as one of the dominating figures of that tumultuous era. His influence on the course of the revolution by his commanding presence as head of the Division of the North forever shaped Mexico's history and one of the twentieth century's greatest social and political movements. In addition to playing a critical role in the Mexican Revolution, Villa headed the only Latin American army to have attacked the United States and escaped American pursuit. During the course of his revolutionary career, Villa emerged as a hero to Mexico's rural dispossessed and impoverished working class, as well as to Mexican nationalists. Legends of his heroic defense of his sister, to prevent her assault at the hands of an hacendado, fueled the image of Villa as a champion of the downtrodden. His mythical attacks on large landowners and his occupation of Mexico City in conjunction with Mexico's other great ally of the peasant, Emiliano Zapata, earned Villa a permanent place in the annals of twentieth century revolutionary figures. Subject of countless legends, myths, books, and movies, the epic career of Pancho Villa continues to intrigue historians around the world.

While much has been written on Villa's role in the Mexican Revolution, little is known about his origins and the forces that shaped his early childhood development and personality. Based on extensive oral history and personal interviews, Rubén Osorio has uncovered Villa's family lineage and background. Born José Doroteo Arango, the illegitimate son of an hacendado, Luis Fermán Gurrola, and a maid, Micaela Arámbula, Arango's impoverished childhood shaped the personality of the man who would one day lead Mexico's largest and most powerful revolutionary army. During the nineteenth century, the rich mining states of Chihuahua and neighboring Durango were the recipients of a large influx of European immigrants, which Luis Fermán (father of Luis Fermán Gurrola), an Austro-Jewish migrant from Liechtenstein, symbolized. Villa's ethnic origins thus reflected the multicultural and multiracial makeup of northern Mexico. Villa's illegitimate birth and his abandonment at the hands of his hacendado father shaped his character and formed the essence of his class rage—a rage directed against the wealthy landowners of Mexico's countryside. Uncovering Villa's secret origins and his abandonment by his immigrant father may also explain Villa's virulent nationalism, a wrathful nationalism that directed itself against wealthy Spanish and Chinese merchants.

Rubén Osorio's research testifies to the valuable contribution that oral history plays in rectifying historical inaccuracies. Osorio's research spans the Mexican countryside including the states of Chihuahua, Durango, Mexico, Coahuila, and Jalisco and includes in-depth interviews with many surviving members of the Fermán and Quiñones families. Osorio is no amateur to the field of oral history, having conducted over 300 hours of personal interviews with former Villistas and other important players in Chihuahua's revolutionary history. Included in these interviews are some of the few recordings of Villa's wife Luz Corral de Villa and his adopted son Francisco Piñón. These first-rate interviews have laid the foundation for an expanded wealth of knowledge for scholars of Villa, his life, and the events which shaped Chihuahua's history and that of Mexico and the United States.

Osorio's rich publication record includes *Pancho Villa, Ese desconocido* (1990), *La correspondencia de Francisco Villa* (1987), and *Tomóchic en llamas* (1995). The conclusions drawn from his lifelong research on Francisco Villa and the history of Chihuahua make an important contribution to uncovering the social forces that shaped a distinct norteño people. The information derived from Villa's family and class origins also testify to the formation of his personality and character. It is a welcome addition to historians of Mexico's heroic past.

Dr. Mark Saad Saka
Sul Ross State University

PRÓLOGO

José Doroteo Arango, alias Francisco "Pancho" Villa, surge durante la revolución mexicana, como una de las figuras dominantes de aquella época tormentosa. Debido a su sobresaliente papel como comandante de la División del Norte, su influencia en el curso de la lucha armada moldea para siempre la historia de México y la de su revolución, uno de los movimientos sociales y políticos más importantes del Siglo XX. Además de jugar un papel clave en la guerra revolucionaria, Villa lideró a la única fuerza armada latinoamericana que ha atacado a los Estados Unidos y escapó a la persecución americana. Durante el curso de su carrera, Pancho Villa emerge como un héroe, tanto de los campesinos desposeídos, como de la empobrecida clase media y de los nacionalistas mexicanos. Las leyendas sobre la heroica defensa de su hermana, evitando que fuera violada por un hacendado, han encendido la imagen popular de un Villa campeón de los marginados. Y sus míticos ataques a los grandes terratenientes, así como su captura de la Ciudad de México en unión de Emiliano Zapata, otro gran protector de los campesinos, le han ganado un lugar permanente en los anales de las grandes personalidades revolucionarias del Siglo XX.

Objeto de innumerables historias, leyendas, mitos, poe-mas, canciones, películas, libros y biografías, la épica carrera de Pancho Villa continúa intrigando a los investigadores, tanto de México como de Estados Unidos y de otras partes del mundo. Y mientras que mucho se ha escrito sobre su papel en la revolución, poco se sabe sobre su origen y las fuerzas que moldearon su niñez y su personalidad. Basado en una extensa investigación de historia oral y en entrevistas personales,

Rubén Osorio ha descubierto las líneas secretas familiares y los antecedentes de Pancho Villa. Nacido como José Doroteo Arango, hijo ilegítimo de Luis Fermán Gurrola, un hacendado de Durango, y de Micaela Arámbula, una sirvienta, su empobrecida niñez forja la personalidad del hombre que, un día, comandará el ejército revolucionario más grande y poderoso de México.

Durante el Siglo XIX, Chihuahua y su vecino Durango, ambos ricos estados mineros, fueron el centro de una gran corriente de inmigrantes europeos, de los cuáles formaba parte Luis Fermán—padre de Luis Fermán Gurrola— de origen judío-austríaco, procedente del Principado de Liechtenstein. De esta manera, el origen étnico de Villa, refleja la estructura multinacional y multirracial del norte de México. El nacimiento ilegítimo de Pancho Villa y el abandono por parte de su padre, un hacendado, delinean su carácter y moldean la esencia de su violencia de clase dirigida en contra de los ricos terratenientes de México. Descubrir el secreto de su origen y el rechazo por parte de su verdadero padre, podría explicar también su virulento nacionalismo dirigido, particularmente, en contra de los ricos comerciantes españoles y chinos.

La investigación de Rubén Osorio, es un testimonio de la valiosa contribución que la historia oral puede aportar para rectificar inexactitudes históricas. Su investigación se extiende por varias partes de México, incluídos los estados de Durango, México, Coahuila, Jalisco y Chihuahua, y presenta entrevistas muy profundas realizadas con descendientes de las familias Fermán y Quiñones, estrechamente emparentadas.

Osorio no es ningún neófito en el terreno de la historia oral, ya que tiene más de trescientas horas de entrevistas con antiguos villistas y con otros personajes de la historia del Chihuahua revolucionario. Incluidas en estas entrevistas, están algunas de las pocas realizadas con la señora Luz Corral de Villa, esposa de Pancho Villa, y con Francisco Piñón, hijo adoptivo de Villa. Estas entrevistas de primera mano constituyen una interminable riqueza de conocimientos para los investigadores interesados en Villa, en su vida y en los eventos que influyeron sobre la historia de Chihuahua, de México y de Estados Unidos.

Las ricas publicaciones de Osorio incluyen *Pancho Villa, Ese desconocido* (1990), *La correspondencia de Francisco Villa: 1912–1923* (1987), y *Tomóchic en llamas* (1995). Las conclusiones obtenidas en sus extensas investigaciones tanto sobre el personaje como sobre la historia de Chihuahua, constituyen una contribución muy importante para comprender las fuerzas sociales que forjaron una población norteña diferente.

La información obtenida con el origen social y la familia de Villa, es un testimonio que nos sirve para entender tanto la formación de su personalidad como la de su carácter. Esta información es bienvenida por todos los investigadores del heroico pasado de México.

Dr. Mark Saad Saka
Sul Ross State University

CHAPTER ONE

THE UNCERTAIN ORIGIN OF JOSÉ DOROTEO ARANGO

On the seventeenth of November 1910, José Doroteo Arango, commonly known as Francisco Villa, answered the call of Francisco I. Madero to take up arms and overthrow the regime of Porfirio Díaz. With the help of a few men, Villa attacked the Hacienda de Chavarría near San Andrés, Chihuahua. The owner of the hacienda and one of his men were killed during the battle, marking the first bloodshed of the Mexican Revolution. During ten years of war, Villa became one of the most prominent leaders of the revolution, and his political, military, and social actions left an indelible imprint on the history of twentieth-century Mexico. As a result, numerous historians, novelists, journalists, and folklorists have devoted considerable time and energy in attempts to characterize the life of this rude, vigorous, and charismatic leader of men.[1]

Notwithstanding his assassination in Parral, Chihuahua, three-quarters of a century ago, Villa's personality still arouses the interest of many researchers. One aspect of Villa's life that has largely escaped the interest of historians is the origin of the *bandolero* (bandit) Doroteo Arango, the other man hidden in Villa's personality. Little is known about this dark, socially low birth which was hidden in the miserable subworld of Porfirio Díaz's rural Mexico. Perhaps the social origins of people such as José Doroteo Arango are of less interest to scholars than are the lineages of kings, families of noble ancestry, politicians, the wealthy, and successful military leaders.

In fact, José Doroteo Arango's background, his miserable childhood, his lack of proper schooling, his ignorance of the world, and his life as an outlaw in the trackless mountains of Durango greatly influenced his persona. It is difficult to think that his actions during his life as a guerrilla fighter and later as an army general could have been much different.

Much that has been written about Villa's obscure origin illustrates the fact that little is really known and that much confusion and disagreement exists. For example, the historian emeritus of the state of Chihuahua, Francisco R. Almada, barely touches upon this subject. In his works about the history and government of Chihuahua, Almada writes that, in 1911, when Villa attends the pre-nuptial ceremonies to wed Luz Corral, he declares that his name is Francisco Villa, son of Agustín Villa and Micaela Arámbula.[2]

Carlos Badillo Soto, writer and historian of Durango, mentions that Villa was "born on June 5 at La Coyotada Ranch in Río Grande, San Juan del Río, Durango, and he had four brothers."[3]

Writer Enrique Krauze declares, "Truly, Villa was born around 1878 in the municipality of San Juan del Río, Durango. His father was Agustín Arango, illegitimate son of Jesús [*sic*] Villa, who died a young man and left his wife and five children unprotected."[4]

In Juan Bautista Vargas's book, *A sangre y fuego con Pancho Villa*, contributing writer Jorge Aguilar Mora makes this comment, "The press and other reports from military intelligence [making no clear distinction of which country] assure that Villa was an ex-American soldier, black, the illegitimate son of a rich Spaniard, anti-religious, a drunkard, and a complete strategist at the same level as Napoleon." Later, possibly defending Villa, Mora comments, "Villa did not drink, did not smoke marijuana, would cross himself in a religious manner at the hour of Angelus, only knew a few obscene words in English, could not read maps, and only practiced the strategy of an Indian at war."[5]

Ramón Puente, a physician and a close collaborator with Villa in Chihuahua, writes in his biography of Villa, "The name of Doroteo Arango's mother was Micaela Germán and not Micaela Arámbula. And as Agustín Arango was not his father but his stepfather, Villa should have taken his mother's name and be called Doroteo Germán."[6]

Esperanza Velázquez Bringas was granted a short interview with Villa at his ranch in Canutillo. Villa confided the following information which appeared in her article:

> A few years ago, while still fighting in the Revolution, in one of my various visits to the city of Parral, I met the elderly owner of a small shop. He had known my mother since she was very young and had also met my paternal grandfather, whose last name was Arango. According to what he told me, my father's last name was Germán. I do not know the reason why my mother used Villa as her last name. Perhaps it was to keep me away from my father because they never lived together, and she feared that he would take me away from her. The truth is that I grew up as a Villa and, when I learned that my last name was Germán, it was too late to change it. In my hometown, either nobody knew this story or nobody wanted to tell me about it. Had I been told then, believe me when I say that I would have used my father's last name because, even though I never met my father, I have no hard feelings for him. So my children and I are Germáns.[7]

Velázquez Bringas speculated the name Germán was either Arabic or Jewish. Villa replied, "It's probably Jewish-Spanish because the old man who told me that story said that my father was the son of a Spaniard who had come to Parral to do business."

Velázquez Bringas continued:

> Most likely, that Jewish-Spanish who arrived to Mexico's northern borderline a long time ago must have been a descendant of well-known adventurers, and the result of his mixing with the Indians was the birth of Francisco Villa, Francisco Arango or Francisco Germán. According to recent research conducted in Paris, it is shown that prominent science and art personalities throughout the world have been of Jewish origin, especially after the Jewish were expelled from Spain and were dispersed throughout the world.

Regarding Villa's religious beliefs, Velázquez Bringas said:

> General Villa was not a religious man and it seems that never, not even during his early years, did he practice any religion at all. However, I would like to quote his own words that reflect his admiration for Christ. While talking about his hatred toward clergymen, he said:
>
> > I could never stand them because they were deceitful and autocrats. They have always exploited the poor and distorted Christ's teachings. Christ, how big he was! He was indeed a true democrat!

Velázquez Bringas finished by saying:

> Villa had already reached the stage when men, after having lost faith in all religious myths, need an idea or philosophy to lean on. He was getting to the point where all men quiet down the spirit and start thinking about their spiritual life. However, the newspapers today publish news about his funeral that was held in the city of Parral.[8]

Gonzalo de Palacio, a journalist for the Mexico City newspaper, *La Prensa*, writes, "The origins of Pancho Villa are very humble and dark. He was born on June 5, 1878, in Río Grande, Durango. His real father's last name was Germán and his mother was Micaela Arámbula. His stepfather, Agustín Arango, adopted him and named him Doroteo."[9]

In his book *América peligra*—a violent attack against Jews in America—Salvador Borrego comments about the beginning of the Mexican Revolution in 1910:

> The geography of the Chihuahuan desert was the appropriate setting to hit a town one day and reappear the next day in a distant place without leaving a trace. In this very area, another group appeared, apparently rustlers headed by Francisco Villa, first known as Francisco Germán and afterward as Doroteo Arango.[10]

Borrego, like many other writers who do not cite their sources, repeats one of the many existing legends about Villa: He was his sister's avenger and, to avoid being imprisoned, he fled to the mountains.

Another journalist, Rafael F. Muñoz, allows Villa to speak in first person:

> In a ranch near San Juan del Río, Durango, I was born in 1877 [*sic*]. I was the first of five children from a very poor family, and my father passed away when we were very young. I cannot forget that his death was the cause for our not having anything to eat on certain days.[11]

In Fernando Medina Ruiz's version,

> Doroteo Arango, son of Agustín Arango and Micaela Arámbula, peasants from northern Mexico, came to this world on June 5, 1878, in a rural com-

munity in the municipality of San Juan del Río, Durango. His family had no resources at all, and to make matters worse, Agustín Arango died when Doroteo and his brothers were very young.[12]

On the other hand, Elias Torres writes:

> In the spring of 1895, in a ranch called El Guajito [sic], belonging to the Hacienda Santa Isabel de Barros [sic], in the municipality of Acatlán [sic], Durango, lived Agustín Arango [sic], his wife Micaela Arámbula and their five children. The first, Doroteo was born in Río Grande, municipality of San Juan del Río, on June 5, 1878.[13]

Celia Herrera, a staunch enemy of Villa, cites a different place of his birth. "Doroteo Arango, of peasant parents, was born in El Pajarito ranch close to San Juan del Río, Durango, on June 5, 1878."[14]

As if that was not enough, Villa himself adds considerable confusion to the topic. When he married Luz Corral at the church in San Andrés, Chihuahua, he signed the matrimonial document as Francisco Villa from San Juan del Río, Durango, son of Agustín Villa and Micaela Arámbula.[15] However, in 1915 when Villa was in Lerdo, Durango, as a witness at the wedding of Carmen Torres and General Máximo García, one of his officers, Villa signed the document as Doroteo Arango.[16] Eight years later, Villa became the godfather of María del Carmen, daughter of wealthy miner Sabás Lozoya. Villa signed the baptismal book at Valle de Allende as Francisco Villa.[17]

Two weeks later, Villa was killed in Parral on July 20, 1923. In his death certificate, which is housed in the Municipal Palace in Parral, the city clerks described him as Francisco Villa, approximately forty-six years of age, married, a native of San Juan del Río, and son of Agustín Villa and Micaela Arámbula.[18]

While Mexican writers have greatly confused the issue, so have foreign researchers. Pere Foix, a Spanish biographer, writes briefly about Villa's origin: "On June 5, 1878, a child was born and baptized under the name of Doroteo, first son of the Arango marriage. He was followed by his siblings Antonio, Hipólito, Martina, and Ana."[19] Another Spanish writer, Antonio Vilanova simply states that Villa was born on June 5, 1878, in the Río Grande ranch near San Juan del Río, Durango.[20]

Villa's birth made its way into fiction when an American novelist, Earl Shorris, allowed his creative imagination to run wild.

> . . . although they had rubbed her belly with oils and put a knife under the mat, the birth had come slowly and painfully, the crowning at the hour of Itzli, the god of the obsidian knife; and the child was the size of a monster, more than five kilos, with redcurling [sic] hair and the eyes of an owl.

He further alleges that Villa became an orphan at age seven.[21]

In an equally imaginative rendition, Lavretsky, historian from the former Soviet Union, writes,

> Doroteo Arango, nicknamed Francisco Villa or Pancho Villa, was a dangerous bandit and criminal. He was born in 1877 or 1878—the date has not been formally established [sic]—to a peasant family at the hacienda Gorgojito [sic], near San Juan del Río, Durango. Pancho Villa was a mestizo of Hispanic-Tarahumara Indian origin [sic]. At age twelve, his father died. Villa then fled the hacienda but was captured, taken back to his place of origin, and put in chains by the foreman as a punishment for his action.[22]

Ramón Eduardo Ruíz, a North American historian, writes,

> Villa was born on July 7, 1878, as Doroteo Arango in La Coyotada, a small hamlet in Durango, to a family of sharecroppers. By 1892, he had earned his spurs as a petty thief, eventually joining a gang of bandits led by Francisco Villa, from whom he took his new eponym.[23]

Another North American historian, Manuel A. Machado Jr. brushes over the event stating,

> Throughout Mexico thousands of infants came unheralded into the world on June 5, 1878. Clarions failed to announce their arrival nor, in the majority of cases, was there much fuss made over so mundane an occurrence. On the Hacienda of Río Grande in the *municipio* of San Juan del Río, Durango, a baby boy came to Agustín Arango and his wife, Micaela Arámbula.[24]

In his book, *Pancho Villa: A Biography,* Jean Rouverol claims that the archives of Durango tell the story of Villa's birth:

> In San Juan del Río, the 7th of July, 1878, before me ... the judge of the civil court, Agustín Arango presented himself, together with witnesses ... and stated: That at three o'clock in the afternoon of the fifth of the preceding June, a child was born in Río Grande, to whom the name Doroteo was given.[25]

"Son of a poor sharecropper, Villa was born in Río Grande near Durango, June 5, 1878," writes psychiatrist Glenn Van Warrebey. Focusing on the social status of the family he adds:

> Villa worked as a slave in a large hacienda for 25 cents a day until he was sixteen years old. As in

the majority of cases, this meager salary came in the form of a small ration of food: beans, maize, sugar, and cheap cotton clothing. With this feudal system, the peasant class was always in debt, condemned by an inherited obligation and without any hope. When the peasant finally died, which occurred frequently, the only inheritance that he left was his debt. This large burden obligated the son to liquidate the debt with the sweat from his brow.[26]

Martín Luis Guzmán, a writer and a novelist who was born in Mexico and became a citizen of Spain, was a great admirer of Porfirio Díaz and the son of a Porfirian colonel who died fighting against the Chihuahuan revolutionaries. His biography, *Memorias de Pancho Villa,* begins not when Villa was born but when he was sixteen years of age. Guzmán's story is written in first person though, through the eyes of Villa:

> I was then known as Doroteo Arango. My father, Agustín Arango, was the natural son of Don Jesús Villa, and because of his origin took his mother's name, Arango, instead of his father's. My brothers and sisters and I, legitimate children of a legitimate marriage, also received the name Arango, the only one by which our family was known.[27]

According to Guzmán's story, Doroteo Arango places the blame on a man named Jesús Villa, the alleged father of Agustín Arango. Guzmán also states that Villa decided to change his name from Arango, which was not his own, to Villa because of persecutions he suffered from the authorities of the state of Durango. This name, " . . . he felt was more his own."[28]

In his massive biography of Villa, Friedrich Katz, an Austrian historian, declares that he cites the opinion of the majority of researchers on Villa's origin:

One of the few aspects of Villa's life about which all agree is that he was born in 1878, on the Rancho de la Coyotada, part of one of the largest haciendas in the state of Durango, owned by the López Negrete family. His parents, Agustín Arango and Micaela Arámbula, were sharecroppers on the hacienda. The child who would later be known as Francisco Villa was baptized Doroteo Arango. (Different opinions exist about his real name.) His father died at an early age, and his mother had to support her five children.[29]

Lastly, Haldeen Braddy, a North American folklorist, has described Villa's birth in a curious mixture of supposed fact and absolute fiction:

> In the small Durango settlement of Río Grande, hundreds of miles below the river of the same name, Doroteo Arango was born. Doroteo! What a name for a brown boy destined to make history as the fiercest leader of the Revolution! No wonder he changed his name to the more resounding Pancho Villa.
>
> The parents of Doroteo were peons who lived on the ranch owned by the hacendado Don Arturo López Negrete—peons who knew poverty, disease, and belly hunger. Doroteo's father, Agustín Arango, comforted the mother, Micaela Arámbula, after her legal husband had deserted her.[30]

Braddy then descends into pure fiction as he describes the night of José Doroteo's birth:

> On the night of Doroteo's birth, in 1878, a severe thunderstorm occurred. During the lightning, the evening star Venus changed its size and color, its shape and course. This storm people afterwards interpreted as an omen from the heavens, signifying the trouble ahead for the newborn son.[31]

Then, in an attempt to explain how a child, born anony-mously among the rabble, could elevate himself above the hardships of life and thereby avoid his destiny, Braddy writes:

> Possibilities abound, for the hero's subsequent tri-umphs were explained in many ways. Perhaps his independence of spirit could be traced to his real father. The man was not Agustín Arango but a rich Spanish nobleman. . . . he was a proud aristo-crat and in his veins ran the blue blood of nobility, a blood which set his son above the average peas-ant and destined him from the start for a grand fu-ture. Children of mixed blood were then not uncommon, and words in the folk song *"Boan-erges"* might well have applied to Doroteo:
>
> > My poor mother murmured comfortingly . . .
> > She said that through my throbbing veins
> > Coursed a swift torrent of royal blood.[32]

This is only a fraction of what historians, writers, novel-ists, journalists, and others have written about the origin of José Doroteo Arango, the future Francisco Villa. It would be impossible to include every author who has written about this charismatic man.

In lieu of such disparate opinions, reaching a mutual agreement about Villa's birth and parentage seems unlikely. One can only say that after July 7, 1878, there are two docu-ments available in the archives of San Juan del Río, Durango, where one can clearly read his name, date and place of birth, the names of his parents, and the names of his maternal and paternal grandparents. The first document is the civil regis-tration found in the Municipal Archives. The second is the baptismal document located in the San Francisco de Asís pa-rochial books.

These documents provide three facts:

1. A son of Agustín Arango and Micaela Arámbula was born on June 5, 1878, in Río Grande, Durango.
2. On July 7, 1878, this child was registered in the city hall of San Juan del Río with the name of Doroteo Arango Arámbula.[33]
3. On that same day, José Andrés Palomo, Catholic priest of the church of San Francisco de Asís, solemnly baptized, exorcised, and applied the holy and sacred oils to him and gave him the name of José Doroteo.[34]

To further complicate the history of the social origin of José Doroteo Arango, I was given a bit of personal information in 1986 while in the city of Chihuahua, that added more confusion to the story. I was in conversation with Pablo Camacho Fermán, a very serious physician and dedicated student of Mexican history. During our discussion about the social origin of Villa and his life as Francisco Villa, the horse thief in Durango, Dr. Camacho Fermán surprised me with the following information:

> It is an oral tradition in my family that Doroteo Arango, or Francisco Villa, was the illegitimate son of my great-grandfather Don Luis Fermán, an hacendado of Jewish-Austrian origin. He arrived in Mexico in the middle of the last century from the Principality of Liechtenstein and took up roots in Durango.[35]

I was completely stunned. In the many years that I had studied the Mexican Revolution in Chihuahua, I had never encountered any information like this. After a moment of reflection, I told Dr. Camacho Fermán that, without doubting what he had just told me, I had never heard a more remarkable version of Villa's birth.

Could it be that Francisco Villa, the revolutionary who hated hacendados, was actually the son of a Jewish-Austrian hacendado? Is it possible that Villa's father immigrated to Mexico from Liechtenstein, located in the heart of Germanic Europe? With a bit of skepticism, I asked Dr. Camacho Fermán for more information. Noting my disbelief, he told me about conversations he had had with his grandfather, Don Miguel Fermán, in the city of Torreón and what he had overheard from his parents since he was a child.

Essentially, he told me that in the middle of the nineteenth century, Luis Fermán, his great-grandfather, lived in Schaan, a small industrial city a few kilometers north of Vaduz, the capital of Liechtenstein. He immigrated to Mexico, and after staying for some time in Tamaulipas, he bought land near San Juan del Río, Durango. There, he and his wife, Rosario Gracia, had two sons. Luis, the first born, died in childhood. The second, Miguel Fermán Gracia (the grandfather of my informant) was born in 1870 in the hacienda Ciénega de Basoco.[36] After the death of his wife, Rosario, Luis Fermán had a personal relationship with Micaela Arámbula, a maid in the main house. As a result of this relationship, my informant states, "an illegitimate son was born to Don Luis Fermán, my great-grandfather."[37]

In 1870 Porfirio Díaz had recently come to power via a *coup d'etat*. Mexico had suffered two disastrous wars with the United States and France and had been through violent internal struggles and constant social uprisings. Through it all, the misery of the rural peons survived and the hacendados still maintained absolute control over their peons, their wives, and their daughters. The ignominious standards, including the ancient *derecho de pernada* (the right of the lord) persisted with little change.

When I asked Dr. Camacho Fermán why this kinship was never made public, he answered:

> My grandparents and the entire family always maintained this kinship as a secret. It wasn't

something in which the Fermán family could take pride. Being the product of an illicit relationship between Don Luis Fermán and a maid, Villa's birth was considered something shameful that should not be mentioned. When the Arango boy grew up, he worked as a peon on my great-grandfather's land. After Don Luis died, the boy continued to work for my grandfather Miguel. [38]

After living for some time on the hacienda Ciénega de Basoco, José Doroteo left with his family for the Güagojito, a ranch belonging to the López Negrete family. Soon afterward, he joined a band of *cuatreros* (cattle and horse thieves) and disappeared from the Fermán family's sight. After several years as an outlaw, avoiding the *Gendarmería Montada* (mounted rangers) under the command of Don Octaviano Meraz who intended to hang him, Arango immigrated to Chihuahua where, in 1910, he joined Madero's revolution.

My informant continued his story, "Villa reappeared in Durango in 1911 at the head of an armed party and attacked the Fermán's property." During the attack, Don Miguel had to leave through a window and flee on horseback while holding his daughter Guadalupe (my informant's mother), who was only one year old. According to Dr. Camacho Fermán, the Fermán family lost all that they had in Durango and subsequently reestablished themselves in Torreón. "From that moment, the Fermáns had very good reason to hate the name of Francisco Villa."[39]

As there are no existing documents to verify the illegitimate birth of José Doroteo Arango, the testimony of a single source was insufficient either to accept or deny the existence of kinship between Luis Fermán and José Doroteo. If I wanted to verify this claim, I knew that an extensive archival and oral history research project would be necessary to prove or disprove this relationship.

In 1987 work obligations required me to travel abroad; therefore, my work on this project was postponed. Not only was I absent for a few years from Mexico, but I was a doctor in the middle of the violent social disturbances in Haiti and the brutal civil war in Somalia. I completely forgot about Luis Fermán, his *affaire d'amour* with Micaela Arámbula, the parentage of José Doroteo, and the research project. Time and distance placed its cover on the archives of Durango and shelved the oral history project.

Several years passed before I could begin a research project that might untangle the web of circumstantial evidence and reveal the true nature of the Fermán-Arango relationship. In 1997, I began to structure a work plan that would include both archival and oral research. The plan involved five objectives:

- Verify if Agustín Arango, Micaela Arámbula, and their family lived in the region of San Juan del Río, Durango, at the end of the 1870s.

- Investigate whether or not the legal father-son relationship between Agustín and José Doroteo Arango was a unanimously accepted fact.

- Verify if an hacendado of Jewish-Austrian origin named Luis Fermán lived in La Ciénega de Basoco or elsewhere in the region of San Juan del Río, Durango, during the 1870s. If so, did he and Micaela Arámbula know each other, and did they have the opportunity to form a personal relationship? Verify if an hacendado of Spanish origin with the last name of Germán lived in the area.

- Establish whether or not Francisco Villa, at the head of an armed party, attacked Ciénega de Basoco or some other property belonging to the Fermán family in 1911 and threatened them with their lives.

- Locate the descendants of Luis and Miguel Fermán and obtain their oral testimonies about the origin and life of the Fermán family in San Juan del Río, Durango. Determine if they were aware of the possible kinship between Luis Fermán and José Doroteo Arango.

In January of 1997, I began in the city of Chihuahua researching the uncertain origin of José Doroteo Arango, alias Francisco Villa. For two and a half years, I traveled repeatedly to various cities, towns, and *rancherías* (small rural communities) in the states of Durango, México, Coahuila, Jalisco, and Chihuahua.[40]

CHAPTER TWO

THE ARCHIVAL AND ORAL HISTORY RESEARCH

I left Chihuahua City and headed for the city of Durango and San Juan del Río, hoping to find documents that would verify the presence of Luis Fermán, an hacendado of Jewish-Austrian origin. If successful, then I might be able to locate descendants who could shed light upon the possible relationship between Luis Fermán and José Doroteo Arango.

In the property archives of Durango, I was able to find two valuable pieces of information. In the municipality of San Juan del Río, Rafael, Manuel, and Miguel Fermán shared ownership of over 10,000 acres at the hacienda Ciénega de Basoco. Also, at El Huizache, Crescencio Fermán owned close to 2,000 acres.[1]

I then searched the historical archives of the state of Durango where I found numerous documents confirming the existence of a *bandolero* named Francisco Villa from Zacatecas. The documents contained names of the principal members of the gang, news of assaults, and arrest warrants for Villa. Villa was a man who had marauded in Durango in the 1880s when José Doroteo Arango was only eight to ten years old.[2]

Additionally, I was able to establish contact with Carlos Estrada, owner of a medical laboratory, and an avocational historian in Durango. He provided confidential information about the marriage of Agustín Arango Vela and Micaela Arámbula Alvarez in the church of San Fermín de Pánuco. He also contributed a genealogical tree of both the Arango and Arámbula families that went back three generations. He had obtained this information during numerous trips to various communities in Durango as well as visiting the Mormon Archives in the United States.[3]

The municipal and parochial archives in San Juan del Río divulged a wealth of information, providing a solid foundation from which to build. The birth certificate of José Doroteo Arango proves that he was born in the community of Río Grande, which is only a short distance from Ciénega de Basoco. In the archives of the church of San Francisco de Asís, I located the baptismal documents of José Doroteo and his siblings: María Ana, José Antonio, María Martina, and José Hipólito, all of them with the surname Arango.[4]

In those same archives, I found the marriage certificate of Luis Fermán Gurrola and Rosario Gracia. This established the fact that the groom was born in San Juan del Río in 1836, the legitimate son of Úrsula Gurrola and Luis Fermán. Also present are the baptismal certificates of Luis and Miguel Fermán, legitimate sons of Luis and Rosario Fermán. Miguel's marriage to Rafaela Quiñones is documented as well.[5] These documents clearly establish the following:

- Between 1830 and 1890, a father and a son with the same name—Luis Fermán—lived in the region of San Juan del Río, Durango.

- None of these documents mention the place of birth, nationality, or the maternal last name of Luis Fermán, the father.

- The religious marriages of Luis Fermán, Luis Fermán Gurrola, and Miguel Fermán to Úrsula Gurrola, Rosario Gracia, and Rafaela Quiñones, respectively, were all performed in the Catholic church in San Juan del Río. All of their sons were baptized as Catholics. Clearly, all of the Fermáns were nominally Catholic.[6]

With the information I had obtained from Carlos Estrada, I made a quick visit to San Fermín de Pánuco, a town not far from San Juan del Río. I easily located the marriage license between Agustín Arango and Miqueila [*sic*] Arámbula.[7]

During this period of time, there was no progress as far as obtaining any oral histories. There are various families with the Fermán name living in several *poblados* (rural communities) in the area, but none of them were related to the Fermán families from Ciénega de Basoco. Hoping to find more information, I set off to the city of Canatlán. The parochial archives there were of no help either. However, I was able to contact Don Luis Carbajal, the city's official historian.

Don Luis gave me some information regarding the youth of José Doroteo Arango and of his relationship with Pablo Valenzuela, a wealthy local merchant and business associate of Agustín López Negrete. At the time, rumors were circulated that José Doroteo was the illegitimate son of Valenzuela. These rumors probably originated from the fact that Valenzuela was a protector of the youth, and when José Doroteo was sixteen or seventeen years old, Valenzuela helped him join the outlaw gang of Ignacio Parra. A native of Canatlán, Parra had recently killed a justice of the peace, who was standing in the doorway of the town hall. Parra fired a rifle from a nearby hillside.[8]

Later, Luis Carbajal took me on a hike to visit *La Cueva del Tigre* (Tiger's Cave), which was the hideout of Ignacio Parra's gang. This required an arduous climb up a mountain near Canatlán. From the mountaintop, I could see some of the valleys in Durango that extend all the way to San Juan del Río. These valleys are surrounded in the south by the Sierra de la Silla, in the east by the Sierra de Gamón, and in the west by the blue peaks of the Sierra Madre. Don Luis, waving his arm to demonstrate the vast region said:

I brought you to this place so that you may see the cave where Ignacio Parra's outlaw gang hid. In that gang, Pancho Villa learned at a young age all that he would need to know in order to fight the *Gendarmería Montada* and the armies of Porfirio Díaz. In these rocky mountains and in these valleys, Pancho Villa became a man and learned how to fight.[9]

CHAPTER THREE

JOURNEYS AND INTERVIEWS

My oral history project almost ended before it began. Upon returning to Canatlán, I phoned Rafaela Fermán in Guadalajara and learned that her father, Juan Fermán, the last living son of Miguel Fermán, had died in 1994. Fortunately, she told me that the information I was seeking about her family could be found in Torreón with her cousins Jesús and José Fermán, owners of an automobile repair shop.

I left for *La Perla de la Laguna* (the Pearl of the Lagoon), otherwise known as Torreón. Equipped with only an address, I decided on a direct strategy. I immediately took a taxi to the Fermán repair shop and appeared unannounced. After identifying myself to the owners as a researcher from Chihuahua, I told them I was seeking information about the Fermán family. Calmly, I added that I would also like to speak with them about the alleged relationship between Luis Fermán and José Doroteo Arango, alias Francisco Villa.

To my surprise, my tactic worked. The Fermán brothers had no time to prepare and their surprise was tremendous. Who would have ever thought that an unknown person from Chihuahua would arrive at their shop without warning and ask them to discuss a family secret? After their initial reaction, both were willing to cooperate and assist me with my project.

Beginnings

In the middle of a noisy, busy auto shop, the "Taller Fermán," I engaged in an animated and productive conversation with Jesús and José Fermán. As the day progressed, various young members of the Fermán family—sons, daughters, nieces, and nephews—had joined us in the shop office. All wanted to hear what Jesús and José had to say about the kinship between their family and Francisco Villa, the famous revolutionary from Durango.

Jesús Fermán Aguilera and
José Fermán Aguilera
Torreón, Coahuila
February 1, 1997

Jesús Fermán Aguilera and José Fermán Aguilera are the sons of Inés Aguilera and Luis Fermán Quiñones. Don Miguel Fermán and Doña Rafaela Quiñones were their paternal grandparents, who lived in San Juan del Río, Durango. Don Luis Fermán and Doña Rosario Gracia were their paternal great-grandparents, owners of the Ciénega de Basoco, a ranch in Durango located near San Juan del Río. Don Petronilo Quiñones and Doña Manuela López were their maternal great-grandparents, both born in San Juan del Río.

Jesús Fermán Aguilera recalls hearing comments in his childhood about the familial relationship between his family and Francisco Villa. He had heard that Pancho Villa was the son of a Fermán—son of his great-grandfather Don Luis. He remembers the low, secretive tone in which his family discussed this matter. The family did not view the relationship as insulting; rather, they did not have concrete evidence to support the claim.

Jesús heard about Villa's connection to his family through his grandmother Rafaela:

My grandmother Rafaelita, the wife of my grandfather Miguel, is the one that always talked about the kinship. I was young, but I remember it very well because I heard her mention it several times. My grandmother also said that Pancho Villa would call her husband a "relative." So Villa would be a half-brother to my grandfather, Don Miguel Fermán.

Jesús claims that Villa must have been Don Luis's son, not the son of Don Miguel Fermán as Don Miguel was born in 1870, making him only eight years older than Villa. Furthermore, Jesús believes that Villa was the illegitimate son of his great-grandfather, Don Luis:

We always knew that the reason the Fermán family stayed here in Torreón was because General Villa told my grandfather Don Miguel to remain here—to stay in Torreón, because Villa could help him here.

The Fermán family left San Juan del Río, fleeing the revolution. After spending some time in Durango, they came to Torreón. Then, Pancho Villa told my grandfather Miguel, "Don't move from here. I can help you and protect you and make sure that nothing happens to you or your family." As I said before, Villa always referred to my grandfather as his relative. As Miguel was Villa's brother, well, his half-brother, Villa wanted to help him.

Although Jesús never knew any of the participants of the Mexican Revolution, he views the kinship between Don Luis Fermán, his great-grandfather, and Pancho Villa in a positive light:

I see the kinship as a positive thing. It is something that I cannot deny, something that we always knew about in our family, even though it was a secret. I don't see any reason why by now it should not be known. I don't see any problem. I do believe that

Villa and my grandfather were relatives, not only because of what I heard during discussions between my grandmother and other members of the family, but also because of the great resemblance between Villa and my grandfather.

I have seen the photographs of Villa that you brought from Chihuahua, and I have compared them with photos of my grandfather. They look very much alike. I have no doubt they were family—half brothers.[1]

· By the time I had finished my interview with Jesús, José Fermán had gone to his house next door and retrieved a family photograph album. José, the eldest, stated that the maternal last name of Don Luis, his great-grandfather, is Gurrola:

I have several family documents, and in all of them, his complete name appears: Luis Fermán Gurrola. I don't know what his mother's first name was, but her last name was Gurrola.

Like his brother Jesús, José recalls hearing talk about General Francisco Villa being related to a Fermán:

From the time I could walk, I heard in family conversations that Pancho Villa was the son—illegitimate son—of a Fermán. In the beginning, we were young and the story caught our attention. It was very strange to us and we only heard about it. However, we never commented on it with anybody, not even with our closest friends. We did not want our friends to think that we were conceited or crazy. You see, I have known many people who boast to be Villa's relatives and even his sons. Some have even grown a thick mustache to look like him. Not us. We were not going to fall into that foolishness.

I never really paid any attention to the stories because I didn't know for sure which of the Fermáns was Villa's father. My grandfather Miguel was a man who lived a very strict life—spotless, very religious—so there is no way that he would have taken advantage of any maid.

José Fermán claims that Villa's mother was a maid in his great-grandfather's house. Not only would Miguel's religious lifestyle deter him from having an affair with a maid, but also he was only a few years older than Villa. "Villa could not have been Miguel's son," states José.

I asked José whether he had read any literature about Pancho Villa being related to an hacendado from Durango with the last name of Germán. I told him that various writers—Salvador Borrego, Rodrigo Alonso Cortés, Alfredo de Palacio, and Dr. Ramón Puente—had all written the same thing: Doroteo was not the son of Agustín Arango, but rather the son of an hacendado with the last name of Germán.

José was surprised: "How did they find that out? Who told them the last name was Germán instead of Fermán?" Regardless of this news, José affirms what he has known since his childhood:

My grandmother Rafaela, my father, and all of us talked quite a bit with María de Jesús Quiñones, who lives in Cuautitlán-Izcalli. She knows the family history quite well. María is the daughter of Juan, brother of my grandmother Rafaela; she is the niece of Rafaela. She knows everything about the family.

She was one of the people who told us all the news and gossip from San Juan del Río. One of the most important pieces of news—I believe it to be the most important—is that Pancho Villa was un "volado" (slang for illegitimate son) of Don Luis Fermán, my great-grandfather.

I cannot verify this kinship for sure because I was born in 1937, a long time after everything happened. Yet, I have known this since I was very young, and I don't have the slightest doubt about it. It is what we heard from our parents when we were children, even if it was in a low tone.

José then suggested that I go to Cuautitlán-Izcalli and speak to Mrs. Quiñones. In addition to new information, José Fermán also gave me a list of people who belong to the Fermán and Quiñones family, many who live in Torreón. "These are people who probably know something about the matter at hand," José adds. His help and information set into motion the whole process of the research project.[2]

After I completed my interviews at the "Taller Fermán," José arranged a meeting with Ms. Manuela Quiñones. As her nephew was visiting, I was able to interview both parties at once.

Ms. Manuela Quiñones, born in 1911 in Ciénega de Basoco, Durango, informed me up front that Pancho Villa was a very bad man—someone whom she detested. During our conversation, the origin of her resentment toward Villa became evident. However, she was very clear about the relationship between the Fermán family and Villa, a relationship she knew about since her childhood.

Jesús Quiñones, her nephew, is the grandson of a man from Durango who fought side-by-side with Villa. He, unlike his aunt, does not harbor the same resentment against Villa.

**Manuela Quiñones Santillano and
Jesús Quiñones Quiñones
Torreón, Coahuila
February 1, 1997**
(In December of 1998, Ms. Quiñones
passed away in the city of Torreón.)

Manuela Quiñones Santillano is the daughter of Juan Quiñones and Juana Santillano. Her father and Rafaela

Quiñones were brother and sister. Doña Manuela was born in Ciénega de Basoco, a hacienda that belonged to the Fermán family. She recalls hearing one of her parents saying that Villa was the son of a Fermán. However, most of her recollections about Villa are adversarial:

When Doroteo was a young boy, about twelve, he was very loose. On Saturdays, he would leave Ciénega de Basoco, where he worked, and go to Río Grande. The only thing that separates the two places is a long hill. He knew that the workers had been paid, and he went to gamble their money out of them by playing tapadita. *You take a bunch of coins in your hands, throw them in the air, and you win all the coins that land heads or tails, whichever is decided upon.*

He also played cards. He would gamble his salary with them. I know that he would even win their serapes, hats, and huaraches (leather sandals). *Sometimes he would leave them in nothing but their underwear, and that damn boy was only twelve years old!*

When he grew up, it got worse. He started doing nothing but bad, bad things. Once, when Miguel was not at Ciénega de Basoco, an armed Villista rode up on horseback—a big man with a sombrero—looking to kill him.

Doña Manuela then told me another story about Villa. Villa had given some money to a family named Meraz, who also lived in Ciénega de Basoco. Unfortunately, the Meraz family spent the money, and when Villa returned to the area several years later, they ran away. They were afraid of the consequences of having spent the money. Villa gave orders to have them apprehended and killed, including the dogs. Luckily, the family fled, and they were never caught.

However, one of the Meraz girls named María married a man named Maturino. She did so only after he found several big cans of gold in his yard. Upon hearing the news of the marriage, Villa wanted the couple detained. He believed that

Maturino married María for her money—money that belonged to Villa. According to Doña Manuela, Villa shot Maturino, and María, "that shameless woman, took off with
Pancho Villa!"

*On another occasion, Villa ordered the death of Carlotita
Bastida, an elderly religious woman from San Juan del Río. He ordered her death because someone told him that she had said,
"Look, here comes that desolotado (crazy and disorderly) again,
that bandit Villa."*

*This is just what someone told me. I know that some men
waited for Carlotita to come out of church. They grabbed her, took
her away, and killed her somewhere around the Hacienda de Menores. All because of some gossip that wasn't true.*

*He was the one who gave the order to kill Carlotita Bastida.
He was a bad, bad man.*

Jesús Quiñones has a different opinion of Villa. His
grandfather, Jesús Quiñones Medrano, was with Villa during
the revolution. He recalls hearing his grandfather tell the
story that Villa was the son of a Fermán. His grandfather obtained the information through the Quiñones family:

*I know certain things that my grandfather told me, and one of
them is that Villa was not the son of Mr. Agustín Arango. I think
that all the Quiñones knew about it. My grandfather would also
say that when Doroteo took on the name Pancho Villa, he was referring to another Villa. He was referring to Francisco Villa, who
was, I think, a bandit from Zacatecas.*

Jesús had only recently heard from his cousins Jesús and
José Fermán that Villa was the illegitimate son of Don Luis.
What Jesús remembers most are his grandfather's stories
about the revolution:

*My grandfather was known by the nickname of "El Tripas"
(tall and very skinny). He was on duty, far from his home. One*

day, my father, who was a restless child at the time, entered a barbershop in Lerdo, asking if anyone had seen his father, Jesús Quiñones, "El Tripas." My grandfather turned around and almost fainted because he saw his son—sunburned, dirty, and starving. My father, in the middle of all the danger of war, had traveled by himself in a wagon. Without money or food, he traveled from Madero near Durango to Lerdo, which is near Torreón, looking for his daddy.

My father was only six or seven years old at the time. He didn't get lost or start crying. The Quiñones from Durango who were at Villa's side were fearless, brave, and resolute.

In regards to the relationship between the Fermán family and Francisco Villa, Jesús also suggested that I go to Cuautitlán-Izcalli and speak with María de Jesús Quiñones, a person who knows more about this subject.[3]

Journey to Cuautitlán-Izcalli

After my interview with Manuela Quiñones and her nephew Jesús, I returned to the auto shop with Mr. Fermán. On the way, I decided to leave that same night for Cuautitlán-Izcalli, anxious to interview Mrs. María de Jesús Quiñones. Night had fallen, and I asked the Fermán brothers where I could get a taxi to take me to the bus depot. Without hesitation, a son of Jesús Fermán who was in the room earlier during the interviews at the shop office offered to take me in his car.

I bid my farewells and left with the young Jesús. Just as he started the car, he began, "I know more than my dad and uncle about this kinship between Villa and the Fermán family." As the vehicle rolled smoothly down the road toward the bus depot, the young Jesús Fermán began his story.

Jesús Fermán Flores
Torreón, Coahuila
February 1, 1997

Jesús Fermán Flores is the son of Jesús Fermán and Emma Flores, born in Torreón in 1962. As a child, he had heard about his familial relationship with Pancho Villa. His curiosity prompted him to speak with his grandfather Luis, his uncle Felipe, and his grandmother Inés about this topic:

I remember everything that I was told since I was a child. Once, my grandfather told me that when Villa came to visit his brother Miguel here in Torreón, Villa said that he wanted to help Miguel.

I spoke with my uncle Felipe many more times than with my grandfather because my uncle still worked in the shop. He would tell me that he found it strange that sacks of beans, corn, sugar, and other things were taken from Villa's house to Don Miguel's house. According to rumor, this was done because Villa and Don Miguel were half-brothers.

My grandmother Inés told me that when Villa captured Torreón, he met with Don Miguel. She said that Villa offered to give Don Miguel a thousand pesos in gold so that he could start a business, any business. But Don Miguel was too scrupulous—a Catholic who was very strict. He did not accept the money because that money was stolen.

Jesús claims Don Miguel's wife, Rafaela, was opposed to accepting the money as well; she feared for the safety of her young children. Additionally, Don Miguel's strict religion kept him from accepting the gift:

Don Miguel strongly adhered to religion. He was very Catholic. My grandmother told me that if Don Miguel would have accepted that money, "otro gallo nos cantara" (our luck would have been different).

As we rode and talked about Villa and his kinship to the Fermán family, I wondered how Jesús perceived Villa. What was his position about Villa and the revolution? Jesús did not hesitate to voice his opinion:

There are many people who consider Villa a person of great stature. I spent some time pondering that, and I am sure that Pancho Villa was a person from whom radiant light emanated. . . . I think that Pancho Villa, my relative, has progressed a lot spiritually because he carries a burden. He is an important figure. I see him and Emiliano Zapata as very important figures. For some reason, they did what they did.

My grandfather told me that Villa once said, "Look, Don Miguel, all that the revolution took away from you in San Juan del Río, we are going to return it to you." The revolution is the revolution. It goes against business. The revolutionaries take from those who have—they take what they find and kill whoever they capture. They would have killed all of the Fermán family, but for some reason, nothing ever happened to them.

Before I arrived at the depot, I asked Jesús how he felt about this kinship with Villa. He answered with pride, "If we are relatives, as I'm sure we are, then we're relatives. Enough said."[4]

Once in front of the bus depot, I thanked Jesús, grabbed a quick bite to eat, and boarded the bus to Mexico City. That night on the road, while thinking about all of the people I had met and interviewed that day, I felt for the first time that the research project was moving in the right direction.

When I arrived in Mexico City, I called Mrs. María de Jesús Quiñones in Cuautitlán-Izcalli. I was pleasantly surprised to find out she was awaiting my call; Don José Fermán had called her from Torreón, paving the way for my interview. Not only did she know who I was and that I was on my way, but she also was willing to speak with me.

The following day, I traveled to Cuautitlán-Izcalli. Both Mrs. María de Jesús Quiñones Alvarado and Emma Saucedo Quiñones, her daughter, greeted me and welcomed me into their home. I interviewed both women at the same time; Emma wanted to be present during the interview. As the daughter of Mrs. Quiñones Alvarado, she felt she had something to add.

María de Jesús Quiñones Alvarado and Emma Saucedo Quiñones Cuautitlán-Izcalli, State of Mexico February 3, 1997

María de Jesús Quiñones Alvarado was born in San Juan del Río, Durango, in 1923, the same year that Pancho Villa was killed in Parral. Her parents were Juan Quiñones and María Alvarado de Quiñones. Her father and Doña Rafaela Quiñones were brother and sister. Mrs. Quiñones Alvarado's daughter, Emma, was born in 1950. Her paternal grandparents were Silvestre Saucedo and Luz Quiñones.

Mrs. Quiñones Alvarado knew her aunt Rafaela well, and states that Rafaela spoke often about Ciénega de Basoco. Rafaela lived there for many years after marrying Miguel Fermán. In addition to her life in Ciénega de Basoco, Rafaela told her niece about the relationship between Don Luis Fermán and Pancho Villa:

I always heard my aunt Rafaela say that they were relatives. I also heard her say that once, Villa sent a message to my uncle Miguel summoning him to Chihuahua. My aunt Rafaelita went with him. When Pancho Villa greeted them, he said, "I know that I'm a Fermán . . ."

Mrs. Quiñones Alvarado claims that Villa knew whose son he was. She states that the reason Villa offered help to Don Miguel was because Villa knew himself to be a Fermán. Villa even offered to give Don Miguel money, but he and Rafaela refused to accept the money.

When Emma stated that she also knew about her grandparents traveling to Chihuahua, I was confused. However, Emma explained the connection:

You see, my mother and father were first cousins. My mother's father was Juan Quiñones and my father's mother was Luz Quiñones. In other words, my grandparents were brother and sister to Doña Rafaela.

Mrs. Quiñones Alvarado confirmed her daughter's story:

Take note of the fact that Doña Rafaela said to her sister, "Come on Luz, come with us to Chihuahua to see Villa." So Luz and her husband, Don Silvestre Saucedo, went with them. . . . Both were present when they talked to Villa. They noticed that he identified himself to them as a Fermán and offered them his help. But as I told you, Rafaelita did not accept his offer. She was afraid that Villa would want the favor returned in some way.

But no, Villa knew that Don Miguel Fermán was his half-brother. They were both from the same family, and Villa only wanted to help him.

Then, Emma brought out a clipping from *La Prensa* (newspaper from Mexico City). She showed me the article by Gonzalo de Palacio that stated that Villa was a Fermán. Emma pointed out that the article had printed *Germán* instead of *Fermán*: "I think they made a mistake and put a G instead of an F."

I informed Mrs. Quiñones Alvarado and Emma that writers Salvador Borrego, Ramón Puente, and Alonso Rodrigo Cortés both wrote that Villa was the son of an hacendado with the last name Germán. Perhaps all three writers used the same source of information or perhaps they copied each other.

In spite of the confusion, Emma is certain about Pancho Villa being a Fermán:

I always heard my grandfather Juan say that Pancho Villa was a Fermán. And don't think I heard that once. I heard that many times.

When we lived in Tlalnepantla, my uncles and my grandfather's friends would visit on Sundays. They were always talking about the revolution. And of course they would talk about Pancho Villa; they liked to talk about him.

I was suprised that the Quiñones family knew that Doroteo Arango was the son of Don Luis Fermán. Wouldn't this be a secret kept in the Fermán family? Mrs. Quiñones Alvarado replied, "Between the Fermán and the Quiñones families, it was not a secret. But outside them, I believe it was." Mrs. Quiñones believes the secret was limited to the families because Villa's mother, Micaela Arámbula, was a maid at Ciénega de Basoco:

She was a maid and as Don Luis was a widower, well, you know how things happen. . . . And from that loving relationship, Pancho Villa was born.

I am sure that señora Micaela was a maid in Basoco, and it was there that she got involved with Don Luis. My aunt Rafaelita said that in front of me; I heard her. She said that the lady was a maid, Don Luis was a widower, and that's how this love affair got started.

At this point, the topic of conversation changed direction. To my delight, Mrs. Quiñones Alvarado and Emma offered some colorful stories they had heard from family members. One story was about a tragic mishap. Apparently, when Don Luis Fermán announced his intention to marry Rosario Gracia, the announcement did not sit well with Rosario's father. In order to stop the marriage between Rosario and Don Luis, Rosario's father planned to kill her. According to Mrs. Quiñones Alvarado, Mr. Gracia "preferred that Rosario were dead before she married Don Luis Fermán."

Unfortunately, Mr. Gracia's aim was not good. While Rosario and her mother were in church, Mr. Gracia sat outside, waiting for their departure. However, when he fired his pistol to kill Rosario, he missed and killed his wife instead.

Another story of interest was about Doña Candelaria Fermán, sister of Don Luis. Apparently, Doña Candelaria was an eccentric woman:

Doña Candelaria was not in her right mind. My aunt Rafaelita said that since they did not let Doña Candelaria get married when she was young, she developed very strange ideas.

For example, Doña Candelaria had an apparatus to play music, an antique Victrola. She would blindfold her personal servant so that she wouldn't see what Doña Candelaria was doing. Then, Doña Candelaria would dance by herself.

My aunt also told me that in order to lie down at night, Doña Candelaria would place no less than twenty pillows—some large, some small—on her bed. There was one for each part of her body: one for the right hand, another for the left hand, two more for her elbows and likewise for the rest of her body.

She was so finicky that she never touched money with her hands; she was afraid. She would place a handkerchief over her mouth and she always wore gloves. She had her own exclusive well from which no one else drank but her. On one occasion, something smelled bad—horrible. When they investigated the source of the stench, they found a dead burro in her well. I assure you that the burro didn't fall in there by itself. Who knows how long Doña Candelaria had been drinking dead burro water!

Our conversation then turned toward Pancho Villa. Mrs. Quiñones cited numerous stories she had heard:

One day, Rafaelita told me that Villa, that is Doroteo Arango, was a restless and vagrant young boy, but clever. He played cards and, on Saturdays, when the peons were paid, he would go and play cards with them. My aunt said that he would win all of their money. He was very good, and he would even win their hats and serapes. My aunt, who knew him well at the hacienda, said that he was a very intelligent young man.

In Durango, there was an old man, an hacendado who was very rich, but I can't remember his name. He would hide because he was terrified of Pancho Villa. This man mistreated one of Villa's sisters who worked as a maid at that hacienda. They treated her badly, giving her only hard tortillas to eat; they treated her worse than an animal.

One day, they told the hacendado to run because Villa was coming. The old man was shaking from fright. When Pancho Villa detained him, the hacendado got on his knees, crying and begging for his life. Villa confronted him with the suffering he had caused his sister. I was told that Villa was so angry that he wanted to kill the old man.

Villa didn't kill the old man, but he angrily screamed at him, "Get out of here you wretched, hapless, good-for-nothing old man! Get out of here! I don't want to see you around here anymore or I'll kill you!"

My mother's brother, Santos Alvarado, told me a few things. He was in the revolution with Pancho Villa for a while, and he got to know Villa well. One day it went bad between them. Alvarado rode a good, well-bred horse and stopped it abruptly without cooling it off. Well, Villa, angry, grabbed my uncle, gave him a scolding *and punished him by making him walk the horse all night. Now don't think that Villa left it at that. He personally stood watch all night. My uncle was really afraid because he saw how angry Villa was. My uncle thought that Villa was going to do something to him. But Villa didn't do anything. He just put Alvarado in his place. My uncle never forgot the day that Pancho Villa lo puso como lazo de puerco (dragged him through the mud).*

My uncle Santos also told me that Villa had a sixth sense that allowed him to guess what people were thinking. One day while on a campaign somewhere out there, Villa fell asleep in the field and ordered one of his soldiers to watch over him. Then, that man started to think how easy it would be to kill Villa while he was sleeping. Of course, he didn't do anything, he just thought about it. When Villa woke up, the soldier got the scare of his life! "Good-for-nothing wretch! What were you just thinking?" Villa asked.

Consistent with her mother's stories, Emma had heard that Villa was something of a bandit who robbed people and then ran to hide in the Sierra Madre. The reason he became a leader was due to his cleverness.

As I concluded the interview and thanked my informants for their time and help with my research, Emma stated that the Quiñones family is not directly related to Villa: "We are related to him by the marriage of my aunt Rafaela with Don Miguel Fermán."[5]

San Juan del Río, Durango

My interviews completed, I left Cuautitlán-Izcalli and returned to the city of Durango. While doing some research in the library (Hemeroteca y Biblioteca del Estado de Durango), I found a small note about Ciénega de Basoco. Only a month and a half before Francisco Madero had taken office as president of the nation, the hacienda was attacked by an unknown armed party. According to the note, the week prior to September 21, 1911, the hacienda was completely destroyed.

Stories in the Durango press from that time suggest that the attackers were sympathizers of the anarchist Flores Magón brothers. They were responsible for numerous assassinations, robberies, burnings, and destruction of properties and haciendas throughout the state.

Several months later, I made another trip to San Juan del Río specifically to speak with Mrs. Francisca Quiñones. Her daughter, Refugio Quiñones, had contacted me and said that her mother had important first-hand information dealing with the project I was researching.

I conducted my interview at Mrs. Quiñones' house. When I arrived, I was led to a large porch, furnished with lush ferns and exotic flowers. The porch also had several bird-cages, and the songs of canaries filled the air. Just to the right I noticed three arches leading to a small garden with a fountain. As we sat on that delightful porch, the pleasant murmur of water and birdsong lulled us back in time, a time when Pancho Villa made his mark on Mexico.

Francisca Quiñones Orozco
San Juan del Río, Durango
June 4, 1997 and February 25, 1998

Francisca Quiñones Orozco was born in 1916 in San Juan del Río to Silvestre Quiñones and Concepción Orozco. Petronilo Quiñones and María López were her paternal grandparents. Her father had several brothers and sisters: Jesús, Juan, Alcadio, Rafaela, Manuela, Luz, and María de Jesús, all of them Quiñones.

The story begins with Concepción Orozco, Francisca's mother. Doña Concepción had worked as a maid for the Fermán family since she was twelve years old. Doña Rafaela was already married to Don Miguel Fermán when Silvestre proposed to Concepción. From one minute to the next, Concepción went from being a maid to being the sister-in-law of Rafaela.

Doña Francisca remembers her aunt Rafaela and her uncle Miguel well. She affirmed that Miguel was a wealthy man. As owner of Ciénega de Basoco, he had cattle, a flour mill, and a maize mill with his own electric plant, the first in San Juan del Río. Her aunt Rafaela was a special woman:

She was a short woman, a little overweight, educated, intelligent, and peppy. She was one of those charming women. She had white hair that was always in a bun behind her head, very well done. She always wore a long dress with a long-sleeved blouse all the way to her wrists. I remember her as a lady of class. Her dresses were elegant, and she had beautiful pleated blouses that were ornamented with lace.

I inquired about other members of the Fermán family. Doña Francisca knew very little about them; however, she knew about the tragedy that happened to Rosario Gracia's family:

I only know that Miguel's father's name was Luis and that his mother was a beautiful girl named Rosario Gracia. Truthfully, there was a bad problem, a disgrace in the family with that marriage. Rosarito's father was opposed to them being married. However, Luis and Rosarito pursued their wedding plans. One day, Rosario's father fired a gun at her, intending to kill her. Rosario's mother got in between them, and he ended up killing his wife.

My mother told me this. She worked as a servant with the Fermán family, so she knew about this tragedy.

Doña Rafaela also talked to her niece about family members, in particular, Doña Candelaria, the sister of Don Luis. According to the story, Doña Candelaria was not allowed to get married. As a result, she began to do strange things. For example, when Doña Candelaria bought fine cloth for a dress, she would buy the entire roll so that nobody else could make the same kind of dress. Whenever someone needed to do business with her, she would cover her mouth with a handkerchief and make them stay outside. When handling money, she always wore gloves. "That sister was not in her right mind," adds Doña Francisca.

As our conversation developed, I asked Doña Francisca if she had heard anything about the kinship between Pancho Villa and the Fermán family. She had. Her information was relayed to her through her parents, Concepcíon and Silvestre, and her aunt Rafaela:

No documents exist, but I believe that the kinship between Pancho Villa and the Fermán family should be well-known by everyone. My aunt Rafaela told me that Villa's mother worked as a maid at Ciénega de Basoco. As you know, during those times the hacendados did whatever they liked, including taking advantage of the wives and daughters of their peons. So, Don Luis took advantage of her and that's how Francisco Villa was born. Well, that wasn't his name at the time. It was Doroteo.

In addition to hearing about this kinship, Doña Francisca also heard how Pancho Villa interacted with family members, including the Quiñones:

Even though my father did not participate in the big brawl, he hid from Villa when the revolution started. A false rumor led Villa to believe that my father was an enemy of the revolution. So, my father was afraid of Villa and he hid from him.

Back then there weren't any buses, trucks, or cars like there are today. My father had several mule-drawn wagons and he traded. He would bring merchandise from Madero City, where the train stops, to San Juan del Río. That's how he made a living.

My mother was the one who fixed the business between Villa and my father. My mother was fearless, the kind who wears the pants around the house. When Villa arrived in San Juan del Río with his troops, she went to speak with him at his headquarters.

First, she made some delicious tamales with cheese, some chicharrones (fried pork rinds) in green chile, and some marinated meat that would make you lick your fingers. Then she took some freshly made tortillas, put all of it in a basket, and went to look for him.

When she got to Villa's quarters, there were two armed sentries ready to pounce on any intruders. The guards looked at her and asked her to identify herself. My mother was not intimidated and calmly answered, "My name is Concepción Orozco, and I am Doña Rafaela's sister-in-law, wife of Don Miguel Fermán, brother to Villa."

The guards just looked at each other, not knowing what to do. When my mother saw them reeling, she added in a hoarse voice, "I, Concepción Orozco, am General Villa's sister-in-law." Sure, that wasn't true. Doña Rafaela, my aunt, was Villa's sister-in-law. She told the guards that to impress them. I tell you, she was very clever.

Doña Francisca claims that the sentries gave in and let her mother enter. Later, General Villa greeted her. After giving him the delicious food basket, her mother stated the purpose of her visit—to set the record straight about her husband, Silvestre. Villa assured Doña Concepción that he would never hurt her husband, as they were all one family. According to Doña Francisca, Villa directly told her mother that he and Miguel Fermán were brothers and that Doña Rafaela was his sister-in-law. Villa then summoned Don

Silvestre and told him the same thing: the Fermáns and Quiñones were all the same family.

Once the misunderstanding was resolved, Don Silvestre assisted Villa by bringing him pants, jackets, and anything else that Villa needed for his troops. Don Silvestre also hid ammunition in sacks of salt for Villa. Sometimes Doña Concepción would have to make the trip from Madero to San Juan del Río alone. During those trips, she would often encounter armed guards who questioned her business. Fearless, Doña Concepción would state with authority, "You cannot detain me or search me because I am the wife of Silvestre Quiñones, brother-in-law of General Villa." Although this was not true, the Villistas would let her pass.

Like my other informants, Doña Francisca stated that Villa tried to help Don Silvestre and Don Miguel. However, they both refused, thinking it best to keep the relationship free from debts.

Doña Francisca ended the interview with her thoughts about Pancho Villa:

I was born in 1916, right in the middle of the revolution. All that I know about the revolution, I learned from my family and from many other people here in San Juan del Río. I would only hear terrible things about Pancho Villa—he was a bandit, a criminal, and bloodthirsty.

Now, they praise him for all of the important things he did in his life. My mother told me that he was not as bad as everybody said he was. It was those who spread vicious rumors who were the bad people. When Villa reacted to those rumors, he could be very dangerous.

I had a book with corridos (songs) written about Pancho Villa, and the one I liked so much says:

*You no longer remember valiant one, that you
      attacked Torreón!
Durango, Durango, land that I love;
      I am from Durango, to this I swear!
There in Tierra Blanca, close to Analco,
      lived Pancho Villa, immortal leader
There his women are all beautiful and his men
      are all heart!*

*After all that I have said, the only thing I can add is "Viva
Villa!"*[6]

After spending a few days in the parochial archives of San
Juan del Río, I had to return to Chihuahua. I went to say
goodbye to Mrs. Francisca Quiñones and, while I was waiting
on the porch, her son, Silvestre, expressed his interest in the
interview that I had conducted with his mother. Once we began talking, I realized he had additional information to add to
my research.

Silvestre Quiñones Quiñones
San Juan del Río, Durango
June 6, 1997

Silvestre Quiñones is the illegitimate son of Francisca
Quiñones, born in 1936 in San Juan del Río. His grandfather
Silvestre Quiñones, brother to Rafaela Quiñones and
brother-in-law to Miguel Fermán, reared him. As a child,
Silvestre would listen to stories from his grandfather and
General José Galaviz about the revolution and Pancho Villa:

*My grandfather Silvestre would say that Pancho Villa was the
son of Don Luis Fermán, the owner of Ciénega de Basoco. My
grandfather learned this through his sister Rafaela. He was a very*

close friend of Don Luis, and he also found out through him. I found out because my grandfather told me.

My grandfather knew that Villa and Don Miguel Fermán recognized each other as brothers. He said that when Pancho Villa was born, Agustín Arango was already married to Micaela, and that's why they gave the child the name of Arango. Just before she died, Villa's mother told Villa who his real father was.

My grandfather also told me that when Don Miguel lived in Torreón, Pancho Villa and he would see each other frequently.

Don Silvestre explained that the Fermán family left San Juan del Río when Don Miguel's business at Ciénega de Basoco failed. When Don Miguel broke his leg in an accident in his mill, he spent and borrowed money attempting to cure his leg. Ultimately, he had to sell Ciénega de Basoco to repay his debt. He then moved to Torreón:

When Villa found out that Don Miguel Fermán, his brother, lived in Torreón, Villa sent for him in order to help him. When Don Miguel told Villa that he had sold Ciénega de Basoco, Villa said, "I am going to buy Basoco so that you can return to San Juan del Río and work your land." But Don Miguel did not want to return; he wanted to stay and live in Torreón. Then Villa said that if Don Miguel did not return, then my grandfather Silvestre should take charge of Basoco.

However, that never happened. All that remains of the beautiful house at Ciénega de Basoco is a shell in ruins. The chapel and the gardens have all deteriorated.

While remembering his grandfather's story, Don Silvestre could not keep his views about Villa to himself:

There are many writers who don't tell history as it is. There is a book that says that when Villa broke out from jail here in San Juan del Río, he killed who knows how many Christians. And dur-

ing his escape, he leaped on a wild horse from a rock and took off. Those are just lies, nothing but stories.

Yes, Doroteo did take a horse when he escaped from jail, but someone already had it ready for him at Ciénega de Basoco. Someone took it to the jail. One of his jail mates known as El Coyala escaped with him. Someone brought a mule for him. That is the truth. From what I know, they did not kill anybody. I don't know why those who write history tell so many lies.

The last comments Don Silvestre offered dealt with a story about Villa—a story he had heard from his grandmother, Doña Concepción. Apparently, the police came looking for Doroteo at his home in Ojos Azules. Doroteo, face blackened by the furnace smoke, was inside his mother's house, rolling a cigarette. Doña Micaela stepped out of the house to speak with the police, stating she had no idea where Doroteo was:

At this point, Doroteo calmly came out of the house with the cigarette in his mouth, greeted the police chief, and said, "Good morning sir, can you give me a light?" The chief lit his cigarette. Doroteo thanked him, and he took off walking as though nothing was wrong. Later, the chief asked some neighbors if they had seen Doroteo Arango. Laughing, they answered, "Well, who do you think you just greeted and even lit his cigarette?" By then, Doroteo had made his escape.[7]

Soon after interviewing Silvestre Quiñones, his sister, María del Refugio, appeared on the scene. A few minutes of conversation convinced me that she could be another good source of information. At first, she was hesitant about being interviewed, stating she hardly knew anything. Finally, she agreed, and we sat on the same porch where I interviewed her mother, surrounded by plants, flowers, and birds.

María del Refugio Quiñones
San Juan del Río, Durango
June 6, 1997

María del Refugio Quiñones, the illegitimate daughter of
Francisca Quiñones, was born in 1950 in San Juan del Río.
Her grandfather Silvestre and his sister, Doña Rafaela, both
died when María was a child, so she did not know them well.
She learned about the kinship between Villa and the Fermán
family from her grandmother Concepción and her mother:

*Villa was the son of a Fermán. I also know that Villa's mother
was married to a man named Agustín Arango, but in fact, Villa
was not the son of that man. Ever since I was a child, I heard that
Don Miguel's father was the father of Villa.*

*My grandmother Concepción knew the story very well be-
cause she was Doña Rafaela's sister-in-law. I remember quite well
the day my grandmother said, "I don't know where they came up
with the idea that Pancho Villa's last name was Arango because
he was not the son of that man." She was sitting there on that
couch . . . it was June 5, Villa's birthday, and she said, "I don't
know why they say that his name is Doroteo Arango. It should
only be Doroteo Arámbula because he was the illegitimate son of
Don Luis Fermán." Yes, I am sure that my grandmother used that
word—illegitimate. I heard her say that. It impressed me so much
that I will never forget it.*

As we discussed Villa's background and life, María made
an interesting observation. She thinks Villa was a rebel because he was rejected by his real father, Don Luis Fermán.
Had Don Luis acknowledged his son, Villa would have had
access to education and led a more sheltered life. According
to María, Villa inherited nothing but bad luck.[8]

Back to Torreón

At the end of October, I decided to travel to Torreón to speak with Socorro Camacho Fermán and Guadalupe Camacho de Téllez. As far as the latter was concerned, I did not hold any expectations as to her participation as I had been warned by a family member that she would never agree to speak with me about the kinship between Luis Fermán and Pancho Villa.

When I arrived in Torreón, I headed to the "Taller Fermán," which I had established as my center of operations for that city. My appointment with Mrs. Socorro Camacho was set for that afternoon. A few minutes later, I learned that Mrs. Téllez was on the phone with Mr. José Fermán, discussing a family matter. Without thinking, I asked to speak with her. Imagine my surprise when she informed me that she had been trying to contact me to arrange a meeting! "Please do not leave Torreón without speaking to me," she said over the phone.

Upon arriving at Mrs. Téllez's house around midday, I learned there were two other interview candidates in Torreón: Mrs. María Pedroza de Estrada and Luz Aranda Fermán. My interview with Mrs. Estrada would be that afternoon, after my lunch with the Téllez family. I was led into the dining room where lunch was being served.

After lunch, Mrs. Téllez and I went to Mrs. Estrada's residence, located in one of the most exclusive neighborhoods in Torreón. Mrs. Estrada was waiting for us and led us into an elegant living room to begin our interviews.

María Pedroza de Estrada
Torreón, Coahuila
November 1, 1997

María Pedroza de Estrada was born in Torreón to Catalina Marín Quiñones and Juan Pedroza. Her maternal grandparents were María de Jesús Quiñones and Pedro Marín. Her
grandmother María and Rafaela Quiñones were sisters.

When María was three years old, her mother became very
ill. María was sent to live with her great aunt Manuela in
Durango. Manuela had a daughter, María Chávez Quiñones,
who became María's godmother. María Chávez was always
interested in family history. She and Manuela spoke to María
about the origins of Villa:

*María Chávez and my aunt Manuela were talking about the
older women in the family; they were very daring. Manuela said
that my grandmother María de Jesús was alive during the revolution in Torreón when Pancho Villa had captured the city. He sent
some soldiers to her house so that she could feed them. My grandmother told the officer in charge, "Yes sir, I would give all of you
something to eat, but I have none to offer. I am a widow and do not
have any money." The officer told her it was not a problem.*

*The next day, Villa sent her several sacks of beans, flour,
maize, and other supplies she needed. Villa's soldiers were simple
people; they were ranchers in civilian life and never treated her
badly. They were not disrespectful and never said bad words in
front of her. They behaved very well. She was never without anything, and for some time, she fed his soldiers.*

Mrs. Estrada went on to say that her grandmother re-
quested to meet with Villa. When Don Pedro died, he had
not left his papers in order; there was a problem with ownership of the house. Her grandmother María was hoping that
Villa could help her in some way. Mrs. Estrada believes the

reason Villa helped her grandmother with this matter was a result of their familial relationship: Her grandmother was the sister of Rafaela Quiñones, wife of Don Miguel Fermán.

Mrs. Estrada also informed me that when Villa would arrive in Torreón, he would come calling on Don Miguel. "Villa wanted to share time with Don Miguel and talk to him because they were brothers, well, half-brothers," states Mrs. Estrada. On one of the visits, Villa proposed that Don Miguel should establish a tortilla factory in Torreón. Villa would supply the maize as well as other materials. However, Don Miguel did not pursue this venture. Mrs. Estrada claims, "He never accepted his help."

Even though Mrs. Estrada knew about this relationship between Villa and the Fermáns since childhood, she believes the matter was kept a secret to avoid embarrassment. Doroteo was the illegitimate son of an hacendado and a maid; he joined a band of outlaws—events that would not make a family proud:

I heard that Villa and Don Miguel were half-brothers. Even though I was very young, I remember it quite well. The adults in our family were afraid that we would find out the truth because they never talked openly about it. They were either afraid or ashamed, I don't know which.

Villa and Don Miguel were both the sons of Don Luis Fermán. Everyone said they were half-brothers. I always heard that they looked alike. Now that I have seen the photos of Villa that you brought from Chihuahua and compare them to the ones of my uncle Miguel here in Torreón, the similarities are undeniable.[9]

After my interview with Mrs. Estrada, I went to Mrs. Socorro Camacho's house. Mrs. Camacho, shy and introverted, was awaiting my arrival. I explained that the research project

I was conducting was meant to clarify the kinship between the Fermán family and Villa. Amicably, she agreed to the interview.

María de Socorro Camacho Fermán
Torreón, Coahuila
November 1, 1997

María de Socorro Camacho Fermán was born in Torreón to Guadalupe Fermán and Margarito Camacho. Her maternal grandparents were Miguel Fermán and Rafaela Quiñones. Her great-grandparents on her mother's side were Luis Fermán and Rosario Gracia.

Mrs. Camacho recalls her mother, Guadalupe, stating that Don Miguel and General Villa were brothers, sons of Don Luis Fermán. Although there is no documented proof, Mrs. Camacho stated, it was a known fact in the family:

It would be very difficult to have documented proof. However, I have always known that. How am I going to deny a kinship that I heard about all my life? If I were to tell you that I didn't know anything about it, I would be lying. I always grew up with the idea that Villa was a relative of ours.

Mrs. Camacho did not feel as though she had much to contribute to my research. She stated that she and her brothers had heard about this kinship since they were children. Then, she shared her feelings about the matter:

It is true that we are blood relatives, and I feel a sense of pride for General Villa. It pains me when I hear someone say that he was a bandit or criminal because I believe he or she forgets what he did for the people of Mexico.[10]

My brief interview with Mrs. Camacho completed, I returned to her sister's house to pick up my belongings and find a room for the night. My plans were to leave the following day to continue my interviews. However, when I arrived at the Téllez residence, Mrs. Téllez had prepared a bedroom for me and insisted that I stay the night. Neither Mr. Téllez nor his wife would hear of me staying in a hotel.

That night before falling asleep, I concluded that a historical research project and good luck walk hand in hand; they both go down unimaginable paths. When I left Chihuahua that morning, I never would have imagined that I would be spending the night in the residence of Mrs. Téllez, the woman whom I had been told would never speak to me about the kinship between Villa and the Fermán family.

The next morning after breakfast, I sat down with Mrs. Téllez to hear her story about Pancho Villa and his ties to her family.

Guadalupe Camacho de Téllez
Torreón, Coahuila
November 2, 1997

Guadalupe Camacho de Téllez was born in 1941 in Torreón to Guadalupe Fermán and Margarito Camacho. Her maternal grandparents were Miguel Fermán and Rafaela Quiñones. As she was the first granddaughter, she claims she was her grandmother's favorite. Mrs. Téllez recalls her grandmother Rafaela talking about the kinship between the Fermán family and Villa:

I always heard what my grandmother Rafaela said about this subject. When we were young, we would hear her say that General Villa was related to us—that he was the brother of my grandfather Miguelito. It was a secret known by all in the family—one that we could never divulge. I don't know why. In my family, all of us grandchildren knew everything about that relationship.

However, Mrs. Téllez did not approach her grandfather Miguel about the subject. She and other family members respected him tremendously; therefore, they never talked with him about it. Mrs. Téllez did learn that Villa wanted to help the Fermán family, but Don Miguel and Doña Rafaela were exceedingly proud, and they refused his help. Another reason they refused Villa's help was due to Doña Rafaela's fear:

I remember that on one occasion, Doña Rafaela knew that Villa's soldiers would be arriving at her store. She was fearful that something would happen to her niece Catalina and my aunts, Rosario and Luz. They were beautiful and between the ages of sixteen and seventeen. Being astute, she painted their faces and arms with ashes so that no one would notice the whiteness of their skin. Then, she put their hair up in buns and made them put on several skirts, one on top of the other, so that no one would notice their figures.

The soldiers entered and asked my grandmother about the whereabouts of the young girls. My grandmother told them they were misinformed. The soldiers looked but only found some old women all covered in ash, dark skinned, fat, buns in their hair, and very ugly. The soldiers turned around and left.

In addition to hearing her grandmother Rafaela talk about Villa, Mrs. Téllez recalls conversations between her mother and uncles—Juan, Luis, and Felipe. "They frequently talked about Villa and his kinship to the Fermán family," Mrs. Téllez states. She then began to speak affectionately about her grandfather:

My grandfather Miguel was a rich man, intelligent, and well educated. He spoke several languages. He wasn't trained to work but rather to enjoy life—to enjoy good literature and fine music.

During the revolution, he moved to Torreón and had to support his family. He made a living as a calligrapher because he had beautiful handwriting.

Ever since I was a little girl, I knew that, although he was very Catholic, he hid a secret: His ancestors were Jewish.

From here, her thoughts turned toward Villa:

Even though I never thoroughly studied Villa, I always saw him as an intelligent and brave man—a mythic being who was born ahead of his time, as other great figures in history.

I remember quite well what my grandfather Miguel would say, "General Villa has big, big ideas." I never heard my grandfather say anything negative about Villa.

Villa was not only a leader of men and an organizer of military forces, but he was also the governor of the state of Chihuahua. In this capacity, he did his best to make changes in society to help the poor. Before passing judgement on him, we Mexicans should consider those efforts.

I believe that his life was a tragic one—from his dark origins at Ciénega de Basoco in Durango, which you are researching in order to shed light on his connection to my family, to his assassination in Parral. His life has many valuable lessons for the people of Mexico.[11]

My next interview that day was with Mrs. Luz Aranda Fermán, the daughter of Luz Fermán and Miguel Aranda. Mrs. Aranda did not have much contact with her grandparents, Miguel Fermán and Rafaela Quiñones; therefore, she had little information about Villa's kinship with the family. Nevertheless, she was able to assist with my research.

Luz Aranda Fermán
Torreón, Coahuila
November 2, 1997

Luz Aranda Fermán was born in 1917 in Torreón, daughter of Luz Fermán and Miguel Aranda. Her mother was a daughter to Miguel Fermán. Mrs. Aranda states that her grandmother Rafaela did not like to talk about the kinship with Villa in front of the grandchildren. Everything that Mrs. Aranda learned about the familial relationship with Villa came from her parents:

Did you know that when my grandparents came to live in Torreón, they suffered because of what they had lost? When Pancho Villa arrived in Torreón, he gave my grandfather Miguel the administrative duty of running "The Mercado Villa." That was in the middle of the revolution.

My grandparents used to live over by the tunnel where the train passed by. They lived there for a while because they were so poor.

Mrs. Aranda again stated that she had only heard that Villa was related to a Fermán, but she never knew to whom:

It wasn't until recently, in conversations with my cousins José and Jesús, that I found out that Villa was the son of Don Luis, my great-grandfather.[12]

Return to Durango

Two months would pass before I could take another trip to Durango. I wanted to see if I could find more information in the old newspapers of Durango City. I was hoping to read about some of the events that had come to light during the course of my research. In January 1998, I located numerous reports in the library, Hemeroteca del Estado de Durango, that were pertinent to the situation in Durango during 1911. The reports described the armed assaults, killings, rapes, destruction of haciendas and properties, and the theft of cattle and other animals committed by groups of Zapatistas and anarchists.

In the Archivo Municipal de San Juan del Río (municipal archives), I found two sale contracts. One of them was dated 1883. Manuel Solórzano, husband to Merced Fermán, sold agricultural lands next to Ciénega de Basoco to Don Luis Fermán. The other contract, signed by Miguel Fermán in August 1910, details the sale of a house in San Juan del Río for 400 pesos.

I also spoke with Esbardo Carreño, director of La Casa de la Cultura (local area museum and cultural center). He knew the local history quite well and was able to add to my knowledge about the childhood of Doroteo Arango. He told me that the sons of rich hacendados who lived in San Juan del Río called Doroteo all sorts of names when he accompanied his father, Agustín, to town. The young Doroteo would fight them all, returning insults, using his fists, or throwing rocks.

Esbardo Carreño stated that Doroteo was an impulsive person as well as a brawler. Through necessity and by nature, he would not let himself be insulted by anyone for any reason. When he was just a teenager, he was already a card shark, accustomed to winning money and other items from those who worked the farms. According to Carreño, when a young man from San Juan del Río lost a card game to Doroteo, the young man became furious. Being bigger and stronger, the young man fought with Doroteo and left him lying in a field. It was then that Doroteo became a more cautious card player and began to use a knife for protection.

Then one day, Doroteo disappeared from Río Grande and went with his brothers and mother, herself a spirited fighter, to live at Rancho Güagojito in the hacienda of Santa Isabel de Berros. "Doroteo Arango never came back to live in San Juan del Río. The one who did return much later was General Francisco Villa," said Mr. Carreño.

It was time to search for people with the last names of Fermán or Quiñones, another reason for my return to Durango. I traveled to Ciénega Grande, Menores de Abajo, Miguel Negrete, and San Lucas, but I had no luck. I then returned to San Juan del Río where, quite by accident, I met Mr. Manuel Alvarado Fermán. Finally, I had found someone related to the family.

Manuel Alvarado Fermán
San Juan del Río, Durango
January 25, 1998

Manuel Alvarado Fermán is the son of Francisca Fermán and Francisco Alvarado. His mother was the illegitimate daughter of Doña Merced Fermán. His great-grandfather, Don Jorge Fermán, and Don Luis Fermán were brothers.

When Don Jorge died, he did not leave a will. Don Luis told the family not to worry; he was going to divide Ciénega de Basoco evenly between the descendants. However, Don Luis gave the majority of the land to his son Miguel. Doña Merced and Don Antonio Fermán, children of Don Jorge, hardly received anything. "That is the reason that we, the relatives of Don Jorge, stayed poor," claims Mr. Alvarado. Nevertheless, Mr. Alvarado says he had a good relationship with Don Miguel:

I visited him several times. He was a good man—very decent and a hard worker. His sons had the opportunity to study; I didn't.

I had to go to the United States to find work. There is no place to make a living here in San Juan del Río. The people don't have any work, and they are dying from hunger.

Mr. Alvarado states that he heard his mother, Francisca, say that Pancho Villa was the son of a Fermán. Having heard this as a child, he was never interested in finding out which Fermán:

My mother always talked about it in her chats with other people. She told me that Villa was a relative of a Fermán, not just once, but several times. As I said, I never knew whose son he was. But now, many years later and after thinking it over, Villa could not be the son of my great-grandfather Don Jorge. My grandmother and mother would have known that gossip, and they would have told me. He couldn't be the son of Don Miguel because they were about the same age. That leaves Don Luis. There are no other Fermáns. Don Luis Fermán, brother of Don Jorge, my great-grandfather, is the only one who could be the father of Pancho Villa.[13]

Foreign Visitors

Several months went by before I received word that Inés Deydier and Cecilia García, daughters of Jesús Fermán, would be visiting Torreón in June. Inés was arriving from Argentina and Cecilia from France. I notified Mr. Fermán that I would be arriving in Torreón in early June to interview his daughters, including the two who lived in Torreón.

When I arrived at the Fermán house, I learned that a family reunion had been planned. Another guest, Socorro Fermán de Muñiz, the sister of José and Jesús Fermán, would also be attending.

This group was a new generation of young, educated Fermán women. They traveled frequently, and three of them had lived abroad for several years and could speak several languages. All of them were interested in the research I was conducting about the kinship between Villa and their family.

Inés Fermán de Deydier
Torreón, Coahuila
June 8, 1998

Inés Fermán de Deydier was born in Torreón in 1960 to Jesús Fermán and Emma Flores. Her grandparents were Inés Aguilera and Luis Fermán. She is the great-granddaughter of Miguel Fermán and Rafaela Quiñones. She married Jacques Deydier and lived in France for several years. Although she was born in Mexico, she decided to become a French citizen in order to avoid bothersome interrogations when entering the United States. She is a psychologist and currently lives in Argentina with her husband and son.

After she told me about herself, I asked Inés if she had heard anything about the kinship that existed between Villa and the Fermán family. She recalls what her grandparents, Luis and Inés, told her as a child:

My grandfather told me one time that Pancho Villa was the illegitimate son of a Fermán, but he did not tell me which one. You see, my grandfather did not have a high opinion of Villa, and so what he told me was hazy. It was a type of secret that he did not like to talk about.

I heard him say that Pancho Villa was a bandit, and as a young man, he had worked in the hacienda that belonged to the Fermán family. But, as I said, I always knew that Villa was a relative of ours.

The family of my grandmother Inés, the Aguileras, were also hacendados in Durango, and during the revolution, everything was taken from them. So my grandmother Inés did not like the revolution, revolutionaries, or Pancho Villa. To her, all revolutionaries were bandits. That's why Villa, who was a bandit to them, could not be a part of our family. They did not accept him.

Inés told me that she did not forget about this relationship. In fact, she told her husband and some of her friends in France that she was related to Pancho Villa. According to Inés, Pancho Villa is considered a hero in Europe. Her friends were always asking questions about Villa, so she is more determined to find out about Villa's life:

Whether or not Villa is a bandit, he is still an important person in Mexico's history. Apart from the negative things I heard in my house, I also learned about Villa in school. I never thought he was as bad as they made him out to be. Moreover, I never saw him as a bandit. I think my family, in general, lacked information about the revolution, its causes, and about Pancho Villa.

On the other hand, my family was never interested in researching the origins of the last name Fermán. Until now, I did not know that the first Fermán who came to Mexico was an Austrian or German Jew. I now understand why some of my friends in France asked me if I am Jewish.

Now that I live in Argentina, far from Mexico, I don't want to lose my own history. I am now interested in researching and learning all about this. My father has reaffirmed that Villa is a relative of ours. It made me feel good, not because we are descendants of his, we aren't; and not because we expect recognition, we don't. I simply feel this way because we come from the Fermán family tree.

I never doubted that Villa was a relative of ours. Now that I see the photos of Don Miguel Fermán and Villa, I see they look alike. It confirms what I have always thought—we are relatives.[14]

Gabriela Fermán Flores
Torreón, Coahuila
June 8, 1998

Gabriela Fermán Flores was born in Torreón in 1964, daughter of Jesús Fermán and Emma Flores. Gabriela barely remembers her great-grandfather Don Miguel. She states that he was blind when she knew him, and the children were not allowed to enter his room. However, Gabriela does remember what her grandparents, Luis and Inés, said about Pancho Villa:

My grandfather said that Villa had been a peon in the hacienda of Basoco in Durango. Villa worked there with his father. Even though I heard it said that Villa was a relative of ours, I never paid much attention to this matter. I think I was influenced by other things said in my house—that he was a bandit.

Now that I am older, I have an interest in this matter. I have spoken with family members, and I have started reading about Villa, even though I don't think I know enough. I have a lot to learn. After you spoke with my father and my uncle, I noticed that they were looking for a photo of Don Luis. So, I went searching in the dust-filled attic and looked through many old books, letters, and documents. I found his photograph stuck inside a book.

It gives me great pleasure to know that I found a photograph of Villa's father. Yet I view Villa as a distant person. What he did in the revolution, he did a long time ago. Besides, everything I learned about him was all bad—he was a bandit, a rapist, and did other bad things. I have to study more to learn about his positive attributes and what he did for this country.[15]

Cecilia Fermán de García
Torreón, Coahuila
June 8, 1998

Cecilia Fermán Flores was born in Torreón in 1966 to Jesús Fermán and Emma Flores. She married Martín García, a Frenchman of Spanish origin, and she resides in France. Cecilia, like her sisters, recalls hearing about Pancho Villa:

My parents, my grandparents, and my uncles would talk about that history, but it wasn't daily conversation. When the adults spoke to one another, they would say that Villa was a relative of ours. I was very young. It was just something that I heard that perhaps was true, but we didn't have any proof, no documents. I was never interested in looking for any proof.

However, I became interested in this when I went to live in France. I began to feel more attached to my country. What would I tell my children about my family? Then, people in France began to ask questions about my last name. "Is Fermán your married name?" they would ask. They wanted to know if I am Jewish. Since I didn't know anything about the origin of my last name, I didn't know what to say. That's why I now want to know everything about the origin of my last name and also about the kinship of my family with Villa.

My sisters and I have found documents, certificates, and photos. We have also spoken with several relatives. We have found out that the first Fermán who came to Mexico was named Luis Fermán, a Jew who became a Christian.

Cecilia has mixed feelings about her relationship to Villa; she had always heard it said that he was a bandit. Even though she believes that Villa contributed so much to the revolution and brought change to Mexico, she was hesitant to tell others, including her husband, that she was related to

Villa. Now, she has a new attitude: "Now I research to learn more about the history of my family and Pancho Villa's life."[16]

Lucía Fermán Flores
Torreón, Coahuila
June 8, 1998

Lucía Fermán Flores is the daughter of Jesús Fermán and Emma Flores, born in Torreón in 1965. When Lucía was very young, she would often hear stories about Pancho Villa from her grandmother Inés. After dinner, the older relatives would discuss events of the revolution:

I heard my grandmother Inés say that life during the revolution was very difficult. Her family, the Aguileras, had an hacienda, Xicórica, in Durango. They had been sacked many times by the revolutionaries. She said the revolutionaries wanted to kill them, and the family had to hide in a cave. On one occasion, the revolutionaries entered and stole everything they wanted. Then, they burned the hacienda.

My grandmother also said that Pancho Villa was a relative of Don Luis Fermán. I knew that all my life, but I didn't know how.

It wasn't until Lucía started working in the shop office of the "Taller Fermán" that she became interested in finding out more about her family history. Even after her grandfather Luis confirmed that there was a kinship between the Fermán family and Pancho Villa, "the bandit," Lucía wanted to learn more. She began reading books about Villa, hoping to learn about Villa as a man and a revolutionary:

Recently, I have read that even his enemies say positive things about him; he is not the person the government has portrayed in our history books. I can't stop thinking about how so much of what is printed about Villa is not true.

I have no doubts about this kinship. From what I heard in my childhood and the conversations that I have had with my family, there is no room for doubt: Villa was a Fermán.[17]

Socorro Fermán de Muñiz
Torreón, Coahuila
June 8, 1998

Socorro Fermán de Muñiz, sister to José and Jesús Fermán, was born in Torreón in 1950. Her parents were Luis Fermán and Inés Aguilera. Her paternal grandparents were Miguel Fermán and Rafaela Quiñones.

Socorro says that when she was a child, she was taught not to ask questions of her elders, nor was she to interfere in conversations between the elders. However, on occasion she would stand nearby and listen until she was dismissed with a stern look. It was on one of these occasions that she heard her father say that Pancho Villa was related to the Fermán family:

I never forgot that. So, ever since I was a child, I knew that Villa was a member of the Fermán family. However, I was a child who always asked questions. One day I asked my father if that story about Pancho Villa being a Fermán was true. My father told me it was true, but he never explained how Villa was related to the family. Yet, my father knew the whole story.

Socorro grew up with little information about her family history. When she moved to Utah, a friend was curious about her last name; he wanted to know if she was Jewish. As far as Socorro is concerned, she is "more Indian than the *nopales* (prickly pear) and its fruit." She had no idea that Fermán is a Jewish name.

Now that her family talks openly about the kinship between Villa and the Fermán family, she thinks that it is "marvelous."

I see Pancho Villa as a hero, a fighter, and an idol of the everyday Mexican. If he is my relative, as I believe, then he is more of a hero, fighter, and idol to me. I am very proud. Now that I live in the United States, far away from Mexico, I don't want to lose that pride, but rather transmit it to my own family. Viva Villa![18]

I returned to Chihuahua to reunite with my original informant, Dr. Pablo Camacho Fermán, and to discuss the possible Jewish origin of the Fermán name that arose during my interviews in Torreón. According to many interviewees, Don Miguel Fermán was a devout Catholic, yet Dr. Camacho Fermán had declared that the first Fermán who came from Liechtenstein was a Jew. The discrepancy needed to be clarified. Dr. Camacho Fermán then showed me a letter that he had sent in 1995 to one of his sisters in Torreón in which he discusses this very subject. The letter explains in great detail the Jewish origins of the Fermán family that date back as far as the sixteenth century Persia, a Muslim country. The family then establishes themselves in Bläudorf, a small town in Austria that later became part of Liechtenstein. In his letter, he also explains the reasons for their mother's strange behavior: She would kill chickens or turkeys in a Hebrew manner as a ritual sacrifice. He goes on to state that their grandfather, Don Miguel, had been reared by his mother, Rosario Gracia, "under the fear of being discovered as to their true origin."[19]

In 1952 when Rafaela died, Don Miguel suffered a severe depression. He secretly began manifesting certain ancestral religious practices. Don Miguel was a scholar in the Hebrew language and an excellent calligrapher of the Aramaic signs, both cursive and block. My informant wrote in the letter:

You remember that when I was eleven years old, I learned to write in Hebrew and to read the Bible in its original language. Thanks to my grandfather, I was familiarized with the Hebrew language, and he introduced me to religion in a strange and incongruent manner: He baptized me into the Catholic religion, confirmed me, and promoted my first communion ceremony as a Christian. On the other hand, in a small room upstairs, he initiated me into the Jewish rites as much as he could.[20]

Dr. Camacho Fermán then reminds his sister that their uncles José and Miguel went to Chicago in 1911 to study a line of work that was almost exclusive to the Jewish community—metal works, welding, and the knowledge of internal combustion and diesel engines. He adds, "Your uncles survived in a city so *sui generis* as Chicago because the Israelite community supported them." With this letter, my doubts concerning the last name Fermán initiated by the two sisters and the aunt were laid to rest.

Holiday Gathering in Guadalajara

In December, the opportunity presented itself for me to visit Guadalajara. I needed to interview five members of the Fermán-Hernández family and a lady from the Camacho-Fermán family. I phoned Rafaela Fermán to set up a meeting at her residence for December 23, the day before Christmas Eve.

When I arrived, I was pleasantly surprised—all but one of the family members were waiting for me, ready for their interviews. Dr. Josefina Fermán de Villarán was unable to attend due to work.

Rafaela Fermán Hernández
Guadalajara, Jalisco
December 23, 1998

Rafaela Fermán Hernández is the daughter of Elena Hernández and Juan Fermán. Her grandparents were Rafaela Quiñones and Miguel Fermán, and her great-grandparents were Rosario Gracia and Luis Fermán. Rafaela is director and co-owner of the kindergarten, "Jardín de Niños Fermán."

Rafaela often heard her mother and father talking about the kinship between Villa and the Fermán family. She had learned a family secret—Villa was the son of her great-grandfather and a maid that worked at the hacienda:

My father, Juan, was a serious and formal person. He told us this and he had no reason to lie. Doroteo Arango or Pancho Villa was an illegitimate, out-of-wedlock son. Don Luis Fermán, his father, was an hacendado, and Doña Micaela, his mother, was a maid. During those times, this was neither agreeable nor acceptable.

My grandmother Rafaela knew Villa, that is Doroteo, very well in Basoco. She would give him flour to take to his mother so she could make gorditas (small tortillas filled with meat, chile, and beans).

Rafaela believes that being an illegitimate son had an impact on Villa:

Today it is more common that there are illegitimate sons. They are more widely accepted, and they are no longer hidden or seen as an embarrassment. There are people who reject and despise Villa, but there are people who admire and love him. The latter have all the right in the world to know the truth.

His father, Don Luis, was an hacendado who gave him life but who did not recognize him as a son. Perhaps knowing this, many *people can understand Villa's violent reaction toward hacendados. It is possible that this is where the origin of his actions lie, rejecting the hacendados and protecting the poor and helpless. It is an important fact, and it should be known so that people can reflect on Villa.*[21]

María Elena Fermán Hernández
Guadalajara, Jalisco
December 23, 1998

María Elena Fermán Hernández is also the daughter of Elena Hernández and Juan Fermán. María Elena is a teacher and co-owner of "Jardín de Niños Fermán." Like her sister Rafaela, María Elena recalls her father telling her that Villa was a member of the Fermán family:

My father would say, "Villa was the brother of my father, Miguel." My father spoke highly of Villa. I heard him say that Villa was a man who looked out for the people who had nothing. As you know, there are stories that make him out to be an assassin and a thief. There are two distinct versions—the ones that historians have written and the ones I heard in my house. They do not coincide.[22]

Teresa Fermán Hernández
Guadalajara, Jalisco
December 23, 1998

Teresa Fermán Hernández is the youngest daughter of Elena Hernández and Juan Fermán. Teresa is also a teacher at her sisters' kindergarten. Teresa remembers her grandfather Miguel:

I remember him as an old man who needed a cane to walk. He was very religious and he would pray the rosary every afternoon. In the beginning, everyone in the house would gather together. As time passed, the children and grandchildren would not stay long. When I was ten years old, many times I stayed to pray with him. When we were finished, I had to take him to his room at the other end of the house. I would take him by the hand and he would use his cane. I would hop along, playing, and my grandfather would get angry, saying, "Take it easy, take it easy, little girl! You're going to make me fall!"

When we prayed in his house, an absolute silence was kept. He had a lot of control over the family.

Teresa states that she heard the story that her family was related to Villa from her father. According to Teresa, her father liked the subject and spoke of Villa with great admiration:

Even though my father never told me positively that Villa was the son of my great-grandfather Don Luis, he did tell me that Villa was the brother of my grandfather Miguel.

My father told me that Villa would spend large amounts of time at Ciénega de Basoco. Villa was a brave man who lived his life intensively and, in the difficult time he lived, he did what had to be done. He paid with his life for trying to change this country. I, as my father, also admire him. I sincerely believe that Pancho Villa was a great man.[23]

Luz Fermán de Rivera
Guadalajara, Jalisco
December 23, 1998

Luz Fermán de Rivera is the daughter of Elena Hernández and Juan Fermán, born in Torreón in 1942. She is a translator in Guadalajara. Luz states that the grown-ups in the family never sat down and talked to the children; children did not socialize with the elders. She learned that she was related to Pancho Villa from her father:

My father would tell us that Villa was the half-brother of my grandfather Don Miguel. My father never spoke badly about Villa. On the contrary, he admired Villa. He told me that when Doroteo Arango, or Villa, was a young boy, he was an aguador *(water boy) at Ciénega de Basoco.*

I think Villa was a passionate person. He believed in his own destiny and was thoroughly convinced of the motives for which he fought. I am convinced that if I had lived at that time, I would have been a great Adelita *(name given to Villista women) because I would have entered the fight to change this country. I enjoy the history of the Mexican Revolution, and it stimulates me to know that, thanks to men like Pancho Villa, the spirit of rebellion still lives in the people of Mexico.*[24]

Juan Fermán Hernández
Guadalajara, Jalisco
December 23, 1998

Juan Fermán Hernández was born in Torreón, son of Elena Hernández and Juan Fermán. His paternal grandparents were Miguel Fermán and Rafaela Quiñones.

When I asked him if he knew anything about the kinship between his family and Pancho Villa, his response was negative:

I have been listening to some of the things you have been discussing with my sisters, and I am shocked. I never knew any of this. I never heard my father say anything about this kinship. The truth is, I never really spoke with my father. Just now I found out that Pancho Villa and the Fermán family are related, and it's a little strange.

My father would never lie to my sisters, so I am going to have to ask my sisters to tell me everything they know about this.[25]

Margarita Camacho de López-Puga
Guadalajara, Jalisco
December 23, 1998

Margarita Camacho de López-Puga was born in Torreón to Margarito Camacho and Guadalupe Fermán. Her maternal grandparents were Miguel Fermán and Rafaela Quiñones. She has two sisters, Guadalupe and Socorro, and one brother, Pablo.

Margarita remembers her mother saying that Pancho Villa was the half-brother of her grandfather, Don Miguel:

My mother never said that Villa was the son of Don Luis. But yes, of course, if he was the half-brother of my grandfather Miguel, then he was the son of Don Luis. All of us knew about the kinship in my house, including my sisters and brother. I remember quite well that as children when one of us threw a fit, my mother would always say, "The Pancho Villa is coming out of you," or "You look like Villa," or "You have turned into Villa." We all remember those sayings of my mother's with affection because they remind us of our childhood. We would hear our mother say these things, and it seemed natural to us because we knew that Villa was our relative. But that was it. When we grew up, it never occurred to us to validate the kinship.[26]

The following day, Christmas Eve, I found myself alone in Guadalajara, far from my home and family. I spent the day walking around the lovely city until evening. Upon returning to the hotel, I found the restaurant closed for the holiday. An hour later, all of the restaurants in Guadalajara were closed; everyone had gone home to have Christmas Eve dinner with their families.

Faced with the inevitable, I found a small store that was open and bought some bread, cheese, and vegetables. However, when I returned to my room, I received a surprise: The Fermán-Hernández family had invited me to have Christmas Eve dinner with them. Unable to refuse such an offer, I was at their house within minutes.

When I arrived at the Fermán-Hernández residence, the entire family was present. I took this opportunity to interview Dr. Fermán de Villarán before dinner.

Josefina Fermán de Villarán
Guadalajara, Jalisco
December 24, 1998

Josefina Fermán de Villarán, a dentist and maxillary-facial surgeon, is the daughter of Elena Hernández and Juan Fermán. Her grandparents were Miguel Fermán and Rafaela Quiñones. Dr. Villarán remembers her mother and father talking about the kinship between Pancho Villa and her grandfather Miguel. However, her parents did not mention Don Luis:

I remember quite well that when my father was speaking about Villa, he liked to say, "Villa was a member of the family." I was a small girl, and I would listen to what my father would say, but I never asked him how Pancho Villa was a member of the family.

My father always referred to Villa as a relative. I have no reason to doubt it. My father would have never lied to us, his children. Even though I did not know any of the details, to me, Villa was always a part of our family.

Dr. Villarán concluded her comments by suggesting I speak to her sister Rosario Fermán de León who lives in Torreón: "She is the eldest, and she probably knows more than the rest of us."[27]

Family Notes

Once I was back in Chihuahua, I immediately began to prepare for my last trip to Torreón to interview Mrs. Rosario Fermán de León. My appointment was scheduled for the beginning of January.

When I arrived at her house, Mrs. De León was surrounded by several of her daughters, who decided to listen as their mother talked about the Fermán-Villa kinship—a topic of which they knew nothing.

I was hopeful that Mrs. De León would be able to contribute more information than her sisters did. My expectations were met as the interview quickly took another direction. Mrs. De León, who had been close to her father, Don Juan Fermán, had taken and saved notes of several conversations she had had with him.

Rosario Fermán de León
Torreón, Coahuila
January 8, 1999

Rosario Fermán de León, eldest daughter of Elena Hernández and Juan Fermán, was born in 1939 in Torreón.

Her grandparents were Miguel Fermán and Rafaela Quiñones. Mrs. De León remembers her grandfather well:

I was very close to my grandfather for many years here in Torreón. He was a very intelligent and religious man. He would pray the rosary every afternoon in his home and never missed a day. He was also a poet. He would write poems for all of his children and grandchildren. He also liked mechanics—I think he had it in his blood. He had a workroom with all kinds of tools, and there he would make, fix, and repair many things.

He would make canes in different sizes, and I remember that he had many. My grandfather needed to use a cane, and he would make them himself. When he heard that someone needed a cane, he would immediately give one as a gift.

He also made rosaries. He would find different materials to make beads, drill the holes, and make the rosaries. Then, he would give them away.

My grandfather was also an inventor. For many years, he had it in his head that he could make a wheel that did not need fuel to move. My grandfather was always asking my father, who was in charge of the "Taller Fermán," to modify his wheel in one way or another. However, my grandfather never liked what my father did, and he was always complaining that my father didn't do it right. My grandfather even wrote a poem about that wheel.

Mrs. De León states that her father talked to her often about the kinship between Villa and the Fermán family. Although her father never openly said that Villa was the son of Don Luis, her father would say that Villa was the brother of Don Miguel. "By stating Villa was the brother of Don Miguel, then of course, Villa was the son of Don Luis," claims Mrs. De León. She has no reason to doubt her father's words:

My father was a serious person, and he would never tell a lie to his own family. He had no reason to lie. From what I know, my fa-

ther never told anyone else about the kinship, nor did he publish it. However, I remember him referring to Pancho Villa in a familial manner, and I think he admired Villa for all he had done in the revolution. I don't remember my father ever saying anything against him.

The deal was that we would listen and not ask any questions. I think had we been interested in this matter, my father would have told us many other things. But I did listen to him, and I even wrote down what he said. When I found out that you were coming, I found my notes, hoping they would be useful to your research.

Together, we discussed the contents of the notes and looked for references regarding General Villa. The notes helped Mrs. De León recall her father's stories:

My grandfather Miguel had some land in San Juan del Río, Durango, on which he had more than 1,000 head of cattle. They endured a seven-year drought during which time they took the cattle to Sierra de Gamón to drink water, and they never lost one. My grandfather also had a wheat mill. Doroteo Arango and his brothers, Hipólito and Antonio, worked there as young men.

Before the revolution, Don Miguel sold Ciénega de Basoco for 30,000 pesos. With that money he bought a hotel in San Juan del Río which had twenty-four rooms. He also bought a bullfighting ring, a large orchard, and an electric plant. My grandfather was able to supply electricity for the streetlights in town with that plant. During the revolution, some men went looking for my grandfather at Ciénega de Basoco to kill him. As they did not find him, they blew up the wheat mill and totally destroyed it.

In 1915, when my grandfather met with Villa, his brother, in Torreón, Villa told him to visit him in Chihuahua. My grandfather went to Chihuahua with Doña Rafaela, his wife, and saw Villa. Then, they traveled to Juárez and there Hipólito Villa, who had a large storehouse, gave them 1,000 gold pesos. From Juárez they went to El Paso, Texas, and bought clothes with that money. My *father was also on the trip, and they bought him clothes and toys. My father was born in 1905, so he must have been ten years old at the time. Since they bought him a lot of toys, my father never forgot that trip.*

In 1920, when my father was living in Canutillo, Pancho Villa sent word to my grandfather that he should look for a business in Torreón, something that would cost about 50,000 or 60,000 pesos, and Villa would buy it. My grandfather did not look for anything; he didn't accept Villa's offer. He said it was "dirty money" and he did not want the Fermán family to get their hands dirty with that money.

Before I left Mrs. De León's house, she gave me a copy of her notes and said, "Pancho Villa and our family are related. We are relatives, and I have no doubt."[28]

CHAPTER FOUR

ANALYSIS AND CONCLUSIONS

The archival and oral research projects were designed to reach the five objectives outlined in Chapter One. This research has provided the following information.

◆ **Verify if Agustín Arango, Micaela Arámbula, and their family lived in the region of San Juan del Río, Durango, at the end of the 1870s.**

Documents relating to the presence of Agustín Arango, Micaela Arámbula, and their family were found in various official, private, and ecclesiastic archives. These documents affirm that:

- Micaela Arámbula was born June 1, 1851, in San Juan del Río, Durango.[1]

- Micaela Arámbula baptized her illegitimate daughter, María Agustina Arámbula on August 31, 1871.[2]

- Agustín Arango and Micaela Arámbula were married in 1877 in the church of San Fermín de Pánuco, Durango.[3]

- Agustín Arango was the legitimate son of Antonio Eustaquio Arango and Faustina Vela. Antonio Eustaquio Arango was the illegitimate son of María Arango and an unknown man.[4]

- Micaela Arámbula was the legitimate daughter of Trinidad Arámbula and María de Jesús Alvarez.[5]

- On June 5, 1878, a child was born in Río Grande, Durango, to Agustín Arango and Micaela Arámbula. He was baptized in the church of San Francisco de Asís with the name José Doroteo Arango.[6]

- In that same church, Agustín Arango and Micaela Arámbula baptized their four other children: María Ana, José Antonio, María Martina, and José Hipólito.[7]

- In 1901, at the age of nineteen, María Ana Arango baptized Petra Arango as her illegitimate daughter.[8]

◆ **Investigate whether or not the legal father-son relationship between Agustín and José Doroteo Arango was a unanimously accepted fact.**

A number of authors previously cited have indicated that Agustín Arango was not the father of the man who became Pancho Villa. Esperanza Velázquez Bringas, a writer who interviewed Villa, wrote that Villa declared that Agustín Arango was not his real father. Villa also said that his last name was neither Arango nor Villa, but rather Germán.[9] Salvador Borrego also affirms that Francisco Villa's original name was Francisco Germán, and it was later changed to Doroteo Arango.[10] The journalist Gonzalo de Palacio writes that Agustín Arango was not the father of Villa but rather his stepfather and that his real father's last name was Germán.[11] The physician Ramón Puente writes that the true last name of Micaela Arámbula was Germán and Villa should have had the name of Francisco Germán.[12] Finally Haldeen Braddy assured us that he had information that Pancho Villa was the descendant of a wealthy arrogant Spaniard who was his mother's lover.[13] According to this information, a unanimous agreement on the true paternity of Agustín Arango never existed.

According to these sources, including Villa's own declaration, there is ample reason to consider that Agustín

Arango's relationship with José Doroteo was that of a stepfather.

◆ **Verify if an hacendado of Jewish-Austrian origin named Luis Fermán lived in La Ciénega de Basoco or elsewhere in the region of San Juan del Río, Durango, during the 1870s. If so, did he and Micaela Arámbula know each other, and did they have the opportunity to form a personal relationship? Verify if a Spanish hacendado with the name of Germán lived in the area.**

Various marriage and baptismal certificates belonging to Luis Fermán and his descendants were found in the archives of the church of San Francisco of Asís in San Juan del Río:

• The marriage certificate of Luis Fermán Gurrola, originally from San Juan del Río, son of Luis Fermán and Úrsula Gurrola. In 1868, at the age of thirty-two, Luis Fermán Gurrola married Rosario Gracia, age nineteen, daughter of Antonio Gracia and Josefa Mendoza, both from San Juan del Río, Durango.[14]

• The baptismal certificate of Luis Fermán Gracia, born in Ciénega de Basoco, Durango.[15]

• The baptismal certificate of Miguel Fermán Gracia, born in Ciénega de Basoco, Durango.[16]

• The marriage certificate of Miguel Fermán Gracia and Rafaela Quiñones, married in San Juan del Río, Durango.[17]

These documents demonstrate the following:

• In the 1830s, Luis Fermán and his wife, Úrsula Gurrola, lived in San Juan del Río, Durango.

• Luis Fermán Gurrola and Rosario Gracia were married in 1868 and lived in the Ciénega de Basoco during the 1870s.

- Miguel Fermán Gracia married Rafaela Quiñones in 1899, and they lived in the Ciénega de Basoco at the end of the nineteenth century.

- All of the baptisms and marriages of the Fermán family were performed in the Catholic church of San Francisco de Asís in San Juan del Río, Durango.

- There is no documented evidence to indicate that Luis Fermán or any of his descendants openly practiced any religion other than Catholicism.

- None of the archives revealed the name of Germán in this region.

- A *corrido* (song) named *Doroteo Germán Arango* written by an unknown author. The first verse is as follows:

> Doroteo Germán Arango
> who was born in Río Grande
> from a small ranch in Durango
> came to be a general.[18]

In these same archives, I found documents verifying that at the end of the 1870s the Arámbula Alvarez family lived in the Ciénega de Basoco. Micaela Arámbula was a member of this family.[19] Various oral testimonies obtained during this study support the probability that Micaela Arámbula was a maid at Ciénega de Basoco during this decade.[20]

This evidence strongly points to the conclusion that during the 1870s, Luis Fermán and Micaela Arámbula lived in the same house at Ciénega de Basoco where they had a master-maid relationship. Therefore, it is probable that they could have had an affair that resulted in illegitimate son.

◆ **Establish whether or not Francisco Villa, at the head of an armed party, attacked Ciénega de Basoco or some** other property belonging to the Fermán family in 1911 and threatened them with their lives.

During a search at the Hemeroteca del Estado de Durango (Newspaper Library of the state of Durango), I discovered a report documenting that Ciénega de Basoco was attacked by an unknown party of armed men in the week preceding September 20, 1911.[21] Silvestre Quiñones, an informant in this investigation, stated during his interview that the Fermán house in San Juan del Río had been attacked and set on fire by El Indio Mariano, a known anarchist.[22]

According to Durango newspaper reports, a chaotic situation existed in the states of Durango, Morelos, Puebla, Tlaxcala, and Guerrero. Various bands of anarchists took up arms in 1911 and proceeded to raid and destroy haciendas.[23] In all probability, the attacks upon Ciénega de Basoco and the Fermán home in San Juan del Río were the work of El Indio Mariano.

The question as to whether or not Francisco Villa attacked the Fermán's property in Durango can be answered satisfactorily. Villa had joined the forces of Francisco I. Madero at the very beginning of the revolution and had been fighting constantly in Chihuahua until Ciudad Juárez was seized in May 1911.[24] After Porfirio Díaz signed the peace treaty and left Mexico, Villa returned to San Andrés, Chihuahua, where he married Luz Corral.[25] He then settled down to a peaceful life in Chihuahua as a business associate with Federico Moye, a respectable citizen of German origin and an associate in the business of Krakauer, Zork & Moye.[26]

During the period in question, Villa left Chihuahua only once between July 20 and August 4, 1911. Accompanied by his wife, he went to Tehuacán, Puebla, to meet with Francisco I. Madero, who was on vacation.[27] Then, they spent a few days in Mexico City where they joined newlywed Matías

Mesta, a well-known merchant of Chihuahua and a close friend.[28] Upon returning to Chihuahua, Villa devoted himself to business. There is no other record of his leaving the state.

There is neither documented evidence nor oral testimony that Villa led the attacks upon Ciénega de Basoco or the residence of the Fermán family in San Juan del Río.[29]

◆ Locate the descendants of Luis and Miguel Fermán and obtain their oral testimonies about the origin and life of the Fermán family in San Juan del Río, Durango. Determine if they were aware of the possible kinship between Luis Fermán and José Doroteo Arango.

None of the archives or the oral interviews provided any information regarding the birth, nationality, or parents of Luis Fermán. However, it is known that he lived with his wife, Úrsula Gurrola, in San Juan del Río in 1836, the year of the birth of their son Luis Fermán Gurrola. Oral history indicates they had two additional children, Jorge and Candelaria Fermán Gurrola. In 1868, Luis Fermán Gurrola married Rosario Gracia and they had two children: Luis, who died in childhood and Miguel, who lived ninety-nine years. Miguel's father, Luis Fermán Gurrola died in 1895.

Miguel Fermán Gracia was born in 1870 in Ciénega de Basoco and was baptized at the church of San Francisco de Asís. In 1899 he married Rafaela Quiñones López, and they raised a family of five sons—Miguel, José, Luis, Juan, Felipe—and three daughters—Luz, Rosario, and Guadalupe. Miguel and José both died young and left no descendants.[30] The rest of the children married and left a number of descendants. Juan Fermán, the last living descendant of Miguel Fermán Gracia, died in Guadalajara in 1994.[31]

I located Rafaela Fermán Hernández, daughter of Juan and granddaughter of Miguel Fermán, in Guadalajara. She introduced me to her cousins, Jesús and José Fermán in Torreón. They were willing to talk about the Fermán-Arango kinship, a matter that had been a family secret for many years. With their help, descendants of the Fermán family were located.

The Fermán brothers also put me in touch with descendants of the Quiñones López family, those who are related to Rafaela Quiñones, Miguel Fermán's wife. As a result, twenty-eight different oral interviews were obtained:

Jesús Fermán Aguilera, José Fermán Aguilera, Manuela Quiñones Santillano, Jesús Quiñones Quiñones, Jesús, Lucía, and Gabriela Fermán Flores, María Pedroza de Estrada, Socorro Camacho Fermán, Guadalupe Camacho de Téllez, Luz Aranda Fermán, Rosario Fermán de Léon, Francisca Quiñones Orozco, Silvestre Quiñones, María del Refugio Quiñones, Manuel Alvarado Fermán, María de Jesús Quiñones, Emma Saucedo Quiñones, Rafaela, María Elena, and Teresa Fermán Hernández, Luz Fermán de Rivera, Josefina Fermán de Villarán, Juan Fermán Hernández, Margarita Camacho de López-Puga, María Inés Fermán de Deydier, Cecilia Fermán de García, and Socorro Fermán de Muñiz.

I located and personally interviewed these people. Their testimonies were reflections of what took place at the hacienda Ciénega de Basoco and at the Fermán residence in San Juan del Río, Durango. None of the informants ever refused to cooperate, and none showed any resistance toward the interviews. None of them ever became upset or angry toward any of the questions, and to my knowledge, none of them gave false information. All helped voluntarily and provided all of the historical information that they had.

Although it is possible that some of the informants may have discussed the matter among themselves, the interviews were conducted individually. With two exceptions, none of the informants had access to the other testimonies. The exceptions are the testimonies of María de Jesús Quiñones de Saucedo and her daughter Emma and those of Manuela Quiñones Santillano and her nephew Jesús. These interviews were conducted simultaneously.

The testimonies of Mrs. Deydier, a resident of Argentina; Mrs. García, a resident of France; and Mrs. Muñiz, a resident of the United States, were obtained during a family reunion at Torreón in 1998.

Conclusions

Analysis of the information obtained from various state, municipal, parochial, and private archives, supported by the oral histories obtained from twenty-eight descendants of the Fermán Quiñones, Fermán Mendoza, and Quiñones López families, leads to the following conclusions:

◆ At some time during the 1830s, an immigrant named Luis Fermán of Jewish origin and an Austrian native of Liechtenstein arrived in Mexico. He settled in San Juan del Río, Durango, where he purchased property named Ciénega de Basoco. He married Úrsula Gurrola and they had three children: Luis, Jorge, and Candelaria Fermán Gurrola.

◆ Luis Fermán Gurrola, son of Luis Fermán and Úrsula Gurrola, was born in San Juan del Río, Durango. He spent his entire life at Ciénega de Basoco. He married Rosario Gracia and they had two sons: Luis in 1868 and Miguel in 1870. They were both born at Ciénega de Basoco and were baptized at the church of San Francisco de Asís, San Juan del Río, Durango.

◆ During the 1870s, Luis Fermán Gurrola and Micaela Arámbula, who worked as a maid in the Ciénega de Basoco, had an affair. As a result, on June 5, 1878, a son was born and he was baptized at the church of San Francisco de Asís under the name of José Doroteo Arango.

◆ Based on this information, I conclude that José Doroteo Arango, known as Francisco "Pancho" Villa, was the illegitimate son of Luis Fermán Gurrola, a wealthy hacendado, and Micaela Arámbula de Arango.

NOTES

1. There are several published books, essays and articles in specialized magazines, newspaper articles, and biographies about Villa. The most extensive bibliographies are in Spanish and English.

2. Almada 1984, 564.

3. Badillo Soto 1985, 31. None of the available documents cite La Coyotada as the birthplace of José Doroteo Arango. Doroteo Arango's birth certificate cites Río Grande, Durango, as his birthplace.

4. Krauze 1987, 7.

5. Vargas 1972, 7. Francisco Piñón, Villa's adopted son declared:

> Even though General Villa was baptized as a Catholic, he was not a fanatic. He was neither religious nor anti-religious. On the contrary, he was a free thinker and very tolerant of the religious beliefs of his subordinates, his relatives, and me—I belonged to the Methodist Church in Chihuahua. I remember well that religion—any religion—was not a concern of his. Additionally, he was a teetotaler. He smoked tobacco sporadically. He did not smoke marijuana. He was not an American soldier; he was not black; he was not a strategist at the level of Napoleon, and he never pretended to be so.

Personal interview, "My Personal Conversations with Francisco Piñón," Rubén Osorio, November 20, 1976,

Chihuahua City, Chih., Archives of the Big Bend, Sul Ross State University, Alpine, Texas.

6. Puente 1934, 239–274.

7. Velázquez Bringas *Excélsior*, July 23, 1923.

8. Ibid.

9. Gonzalo de Palacio *La Prensa* (Mexico City), article cut out without date. In the papers of Emma Saucedo Quiñones, Cuautitlán-Izcalli, state of México, México.

10. Borrego 1980, 302.

11. Muñoz 1953, 7.

12. Medina Ruiz 1960, 13.

13. Torres 1975, 9–10. In 1920 Torres participated as mediator between Villa and de la Huerta, President of the Republic, to achieve a peace treaty. Even though he knew Villa, Torres committed various mistakes in his text: The name of the ranch he mentions is Guajito but the correct name is Güagojito. It was not a part of Santa Isabel de Barros but rather Santa Isabel de Berros, and it was not situated in the municipality of Acatlán but rather in the municipality of Canatlán. In 1890 Agustín Arango died in a mine in San Lucas, Durango; therefore, the date of 1895 is incorrect.

14. Herrera 1964, 11. No other reference exists citing El Pajarito ranch, Durango, as Villa's birthplace.

15. Marriage Act between Luz Corral Fierro and Francisco Villa, May 27, 1911. Parochial Archives of San Andrés, Chihuahua. Copy in author's archives.

16. Marriage Act between Carmen Torres and Máximo García, July 24, 1915. Book 2 of Civil Registry. Ciudad Lerdo, Durango. Copy in author's archives.

17. Baptismal Certificate of María del Carmen Lozoya, daughter of Sabás Lozoya and Rebecca Soto de Lozoya. General Francisco Villa and Austreberta Rentería de Villa were godparents, July 5, 1923. Box 63, Book 20, Act 219. Parochial Archives of Valle de Allende, Chihuahua. Copy in author's archives.

18. Death Act of Francisco Villa, July 21, 1923. Book 11 of Deaths, Act 307. Dead 20 July due to wounds caused by firearms. Municipal Presidency Archives of Hidalgo del Parral, Chihuahua. Copy in author's archives.

19. Foix 1960, 21–22.

20. Vilanova 1979, 23.

21. Shorris 1980, 3.

22. Lavretsky and Adolfo Gilly 1978, 17. Lavretsky did not realize that in 1878, one hundred years before he wrote his book on Villa, the exact date of Villa's birth was already known. He also did not know that the state of Durango has nothing to do with the Tarahumara Indians (Rarámuris Indians), who live in the Sierra Madre of Chihuahua. His affirmation that Villa was mestizo (Spanish-Tarahumara) is a fantasy that has nothing to do with his history. The reason for these errors is that Lavretsky was not a historian. He was a Soviet agent who went to Mexico City to organize the assassination of Leon Trotsky.

23. Ruíz 1980, 186. Ruíz confuses the date of Doroteo Arango's birth (June 5, 1878), with the date of his civil registry in San Juan del Río, Durango (July 7, 1878).

24. Machado 1988, 10.

25. Rouverol 1972, 3.

26. Van Warrebey 1994, 22.

27. Guzmán 1954, 37. Colonel Martín Luis Guzmán, the writer's father, was very attached to the Porfirio Díaz regime. At the onset of the revolution, Colonel Guzmán was gravely injured in Malpaso Canyon, Chihuahua, by Pascual Orozco's troops. He died December 29, 1910, in the city of Chihuahua. In 1954 his son, Martín Luis Guzmán, gave a speech when he became a member of the *Academia Mexicana de la Lengua.* He declared that in 1908, while attending the *Escuela Nacional Preparatoria,* he interviewed Porfirio Díaz and asked him: "If a procession of students were to celebrate Mexican Independence, would it be dangerous to the peace and order in the country?" He confessed that sitting next to Don Porfirio was "the highest degree of incarnate grandeur . . . My emotion was only comparable to what the Greeks had when they saw the corpse of Hector lying in the dust." Due to his social origin, his admiration for Díaz, and his father's death at the hands of the revolutionaries, Guzmán could not have the least bit of sympathy for the revolution, for Chihuahua, or for Villa. For these reasons, he paints Villa in an extremely negative manner in his book *El águila y la serpiente.* In his novel, *Memorias de Pancho Villa,* he distorts Villa's manner of speaking and makes him express himself in a degrading language as though he were uncouth, lacking a basic education. This is not true. During ten years of war, Villa, who learned to read and write prior to the revolution, expressed himself appropriately. This is proven by numerous interviews conducted by the press.

28. Ibid., 11. To determine what Villa really said (only 257 of 911 pages contain original memoirs of Guzmán), it is necessary to make a comparison between the manuscript dictated by Villa and the text published by Guzmán.

29. Katz 1998, 2.

30. Braddy 1955, 8.

31. Ibid., 8.

32. Ibid., 11. The word Boanerges is in the Bible, Mark 3:17: "And James the son of Zebedee, and John the brother of James: and he surnamed them Boanerges, which is, the sons of thunder."

33. Birth Certificate 223 found in the Municipal Archives of San Juan del Río, Durango, which states:

> In San Juan del Río, the 7 of July, 1878, before me Jesús Quiñones, Judge of Civil Matters, Agustín Arango presented himself in the company of witnesses Gregorio Asevedo [*sic*] and Ignacio Alvarado and said: That in the afternoon of the fifth of the preceding June, a child was born in Río Grande to whom the name Doroteo was given. He is the legitimate son of Agustín and Micaela Arámbula. His paternal grandparents are Antonio Arango and Faustina Vela, and his maternal grandparents are Trinidad Arámbula and María de Jesús Alvarez, all born in and neighbors of said place. And I, the presiding judge, ordered the writing of this act that I read to the interested one and named witnesses who were pleased with its content. One of the witnesses signed in my presence without the other doing so. Let us give faith: Jesús Quiñones, Ignacio Alvarado, signatures.

34. Baptismal Certificate existing in the Parochial Archives of San Francisco de Asís, San Juan del Río, Durango, which states:

> In the Church of San Juan del Río, on the seventh day of July, 1878, I, priest José Andrés Palomo, priest in charge of this villa, solemnly baptized a child that was born in Río Grande, the fifth of last month. I gave him the name of José Doroteo. He is the legitimate son of Agustín Arango and Mi-

caela Arámbula; his paternal grandparents are
Antonio Arango and Faustina Vela; the maternal
grandparents are Trinidad Arámbula and María
de Jesús Alvarez. The godparents are Eugenio
Acevedo and Albina Arámbula, whom I advised
about their spiritual guidance and obligations.
And for the record I sign: J. Andrés Palomo, signa-
ture.

35. Pablo Camacho Fermán. Conversation with author, Chihuahua, Chihuahua, May 20, 1986.

36. Ibid.

37. Ibid.

38. Ibid.

39. Ibid. There is no evidence that this attack was done by
Villa, who in 1911, at the end of the revolution, married
Luz Corral in San Andrés, Chihuahua. He lived peace-
fully in Chihuahua, dedicated to his businesses.

40. In the state of Durango: San Juan del Río, Ciénega de
Basoco, Río Grande, La Coyotada, Ciénega Grande,
Menores de Abajo, San Lucas, Canatlán, Miguel
Negrete, San Fermín de Pánuco, and the city of Durango.
In the state of Mexico: Cuautitlán-Izcalli. In the state of
Coahuila: Torreón. In the state of Jalisco: Guadalajara.
In the state of Chihuahua: San Andrés, Santa Isabel,
Satevó, Valle de Allende, Hidalgo del Parral, Ciudad
Juárez, and the city of Chihuahua.

CHAPTER TWO

1. Public Property Archives, census of the rustic properties
of Durango, 1898. Gloria Cano. Conversation with
author, January 28, 1997.

2. Francisco Villa file, 1880. List of bandits pertaining to Francisco Villa's band, May 22, 1888. Historical Archives of the State Government of Durango. Box with documents of the Partido of San Juan del Río, Durango.

3. Carlos Estrada Barraza. Conversation with author, Durango, Durango, February 8, 1997.

4. Birth Certificate 223 of José Doroteo Arango, son of Agustín Arango and Micaela Arámbula, June 5, 1878. Municipal Archives of San Juan del Río, Durango. Baptismal Certificate of José Doroteo Arango. Book 29, folio 50. Parochial Archives of San Francisco de Asís, San Juan del Río, Durango. Baptismal Certificates of María Ana, born in Río Grande, July 25, 1879. Book 29, folio 154; José Antonio, born in Potrero de Parra, July 25, 1880. Book 30, folio 81; María Martina, born in Río Grande, January 30, 1882. Book 31, folio 76; and José Hipólito, born in El Mezquite, August 3, 1883. Book 32, folio 44. All are legitimate children of Agustín Arango and Micaela Arámbula. Parochial Archives of San Francisco de Asís, San Juan del Río, Durango.

5. Marriage Act between Luis Fermán Gurrola and Rosario Gracia, June 15, 1868. Book 9 of Marriages, folio 78. Parochial Archives of San Francisco de Asís, San Juan del Río, Durango. Baptismal Certificate of José Luis Fermán Gracia, son of Luis Fermán Gurrola and Rosario Gracia, December 31, 1868. Book 24, 1867–1869. Parochial Archives of San Francisco de Asís, San Juan del Río, Durango. Baptismal Certificate of José Miguel Fermán Gracia, son of Luis Fermán Gurrola and Rosario Gracia, February 20, 1870. Book 23, folio 39. Parochial Archives of San Francisco de Asís, San Juan del Río, Durango.

6. Marriage Act between Luis Fermán Gurrola and Rosario Gracia, June 15, 1868. Book 9 of Marriages, folio 78. Parochial Archives of San Francisco de Asís, San Juan del

Río, Durango. Marriage Act between Miguel Fermán Gracia and Rafaela Quiñones, July 15, 1899. Book 14 of Marriages, (1895–1906), folio 153. Parochial Archives of San Francisco de Asís, San Juan del Río, Durango.

7. Marriage Act between Agustín Arango, 28 years of age, native of San Juan del Río, son of Antonio Arango and Faustina Vela, and Miqueila Arámbula, 20 years of age, native of San Juan del Río, daughter of Trinidad Arámbula and María de Jesús Alvarez. May 25, 1877. Book 3 of Marriages, folio 43, certificate 104. Parochial Archives of San Fermín de Pánuco, Durango.

8. Luis Carbajal. Conversation with author, Canatlán, Durango, January 28, 1997.

9. Ibid.

CHAPTER THREE

1. Jesús Fermán Aguilera. Interview by author, Torreón, Coahuila, February 1, 1997.

2. José Fermán Aguilera. Interview by author, Torreón, Coahuila, February 1, 1997.

3. Manuela Quiñones Santillano together with Jesús Quiñones Quiñones. Interview by author, Torreón, Coahuila, February 1, 1997.

4. Jesús Fermán Flores. Interview by author, Torreón, Coahuila, February 1, 1997.

5. María de Jesús Quiñones Alvarado together with Emma Saucedo Quiñones. Interview by author, Cuautitlán-Izcalli, state of México, February 3, 1997.

6. Francisca Quiñones Orozco. Interview by author, San Juan del Río, Durango, June 4, 1997 and February 2, 1998.

7. Silvestre Quiñones Quiñones. Interview by author, San Juan del Río, Durango, June 6, 1997.

8. María del Refugio Quiñones. Interview by author, San Juan del Río, Durango, June 6, 1997.

9. María Pedroza de Estrada. Interview by author, Torreón, Coahuila, November 1, 1997.

10. María de Socorro Camacho Fermán. Interview by author, Torreón, Coahuila, November 1, 1997.

11. Guadalupe Camacho de Téllez. Interview by author, Torreón, Coahuila, November 2, 1997.

12. Luz Aranda Fermán. Interview by author, Torreón, Coahuila, November 2, 1997.

13. Manuel Alvarado Fermán. Interview by author, San Juan del Río, Durango, January 25, 1998.

14. Inés Fermán de Deydier. Interview by author, Torreón, Coahuila, June 8, 1998.

15. Gabriela Fermán Flores. Interview by author, Torreón, Coahuila, June 8, 1998.

16. Cecilia Fermán de García. Interview by author, Torreón, Coahuila, June 8, 1998.

17. Lucía Fermán Flores. Interview by author, Torreón, Coahuila, June 8, 1998.

18. Socorro Fermán de Muñiz. Interview by author, Torreón, Coahuila, June 8, 1998.

19. Letter from Pablo Camacho Fermán to Socorro Camacho Fermán, Chihuahua, Chihuahua, May 30, 1995. Copy in the author's archives.

20. Ibid.

21. Rafaela Fermán Hernández. Interview by author, Guadalajara, Jalisco, December 23, 1998.

22. María Elena Fermán Hernández. Interview by author, Guadalajara, Jalisco, December 23, 1998.

23. Teresa Fermán Hernández. Interview by author, Guadalajara, Jalisco, December 23, 1998.

24. Luz Fermán de Rivera. Interview by author, Guadalajara, Jalisco, December 23, 1998.

25. Juan Fermán Hernández. Interview by author, Guadalajara, Jalisco, December 23, 1998.

26. Margarita Camacho de López-Puga. Interview by author, Guadalajara, Jalisco, December 23, 1998.

27. Josefina Fermán de Villarán. Interview by author, Guadalajara, Jalisco, December 24, 1998.

28. Rosario Fermán de León. Interview by author, Torreón, Coahuila, January 8, 1999.

CHAPTER FOUR

1. Birth Certificate of María Micaela de Jesús Arámbula, daughter of Trinidad Arámbula and María de Jesús Alvarez, June 1, 1851. Book of Births, 1851. Parochial Archives of San Francisco de Asís, San Juan del Río, Durango.

2. Birth Certificate of María Agustina Arámbula, illegitimate daughter of Micaela Arámbula. Maternal grandpar-

ents are Trinidad Arámbula and María de Jesús Alvarez. August 31, 1871. Book of Births, 1871. Parochial Archives of San Francisco de Asís, San Juan del Río, Durango.

3. Marriage Act between Agustín Arango, 28 years of age, native of San Juan del Río, son of Antonio Arango and Faustina Vela, and Miqueila Arámbula, 20 years of age, native of San Juan del Río, daughter of Trinidad Arámbula and María de Jesús Alvarez. May 25, 1877. Book 3 of Marriages, folio 43, certificate 104. Parochial Archives of San Fermín de Pánuco, Durango.

4. Genealogical tree of Agustín Arango Vela. Private archives of Carlos Estrada Barraza, Durango, Durango.

5. Genealogical tree of Micaela Arámbula Alvarez. Private archives of Carlos Estrada Barraza, Durango, Durango.

6. Baptismal Certificate of José Doroteo Arango, son of Agustín Arango and Micaela Arámbula, June 5, 1878. Book 29, folio 50. Parochial Archives of San Francisco de Asís, San Juan del Río, Durango.

7. Baptismal Certificates of María Ana, born in Río Grande, July 25, 1879. Book 29, folio 154; José Antonio, born in Potrero de Parra, July 25, 1880. Book 30, folio 81; María Martina, born in Río Grande, January 30, 1882. Book 31, folio 76; and José Hipólito, born in El Mezquite, August 3, 1883. Book 32, folio 44. All are legitimate children of Agustín Arango and Micaela Arámbula. Parochial Archives of San Francisco de Asís, San Juan del Río, Durango.

8. Birth Certificate of Petra Arango, illegitimate daughter of Ana Arango. Maternal grandparents are Agustín Arango and Micaela Arámbula. June 16, 1901. Book 42, folio 102, certificate 401. Parochial Archives of San Francisco de Asís, San Juan del Río, Durango.

9. Velázquez Bringas, *Excelsior*, July 23, 1923.

10. Borrego 1980, 302.

11. Gonzalo de Palacio, n.d.

12. Puente 1934, 234–274.

13. Braddy 1955, 8–11.

14. Marriage Act between Luis Fermán Gurrola and Rosario Gracia, June 15, 1868. Book 9 of Marriages, folio 78. Parochial Archives of San Francisco de Asís, San Juan del Río, Durango.

15. Baptismal Certificate of José Luis Fermán Gracia, son of Luis Fermán Gurrola and Rosario Gracia, December 31, 1868. Book 24, 1867–1869. Parochial Archives of San Francisco de Asís, San Juan del Río, Durango.

16. Baptismal Certificate of José Miguel Fermán Gracia, son of Luis Fermán Gurrola and Rosario Gracia, February 20, 1870. Book 23, folio 39. Parochial Archives of San Francisco de Asís, San Juan del Río, Durango.

17. Marriage Act between Miguel Fermán Gracia and Rafaela Quiñones, July 15, 1899. Book 14 of Marriages, (1895–1906), folio 153. Parochial Archives of San Francisco de Asís, San Juan del Río, Durango.

18. Collection of Popular Songs of the Revolution. Margarita Caballero de Rubio, Chihuahua. Copy in the author's archive.

19. Marriage Act between Paz Arámbula, daughter of Trinidad Arámbula and María de Jesús Alvarez, and Tomás Franco.

20. María de Jesús Quiñones de Saucedo, Francisco Quiñones, Guadalupe Fermán de Téllez, and Silvestre Quiñones. Interview.

21. Newspaper *El Criterio*, Durango, Durango, September 20, 1911. State of Durango Newspaper and Magazine Library, Durango, 1911.

22. Silvestre Quiñones. Interview.

23. Newspapers *La Evolución, El Criterio, El Domingo*, 1911. State of Durango Newspaper and Magazine Library, Durango, 1911.

24. Almada 1980, 478.

25. Luz Corral de Villa. Interview by author. Oral History Collection, Archives of the Big Bend, Sul Ross State University, Alpine, Texas.

26. Soledad Armendáriz de Orduño, Interview by author, as it is written in *Pancho Villa, Ese desconocido*, 44–55.

27. Newspaper *El Correo*, Chihuahua, August 4, 1911. CIDECH, Chihuahua, Chihuahua.

28. Elisa Ames Russek. Conversation with author, Chihuahua, Chihuahua, November 30, 1999.

29. Corral de Villa 1981, 26.

30. Jesús and José Fermán. Interview.

31. Rafaela Fermán. Interview.

BIBLIOGRAPHY

Almada, Francisco R. 1963. *La Revolución en el Estado de Chihuahua.* 2 vols. México, D.F.: Talleres Gráficos de la Nación.

_____. 1980. *Gobernadores del Estado de Chihuahua.* 1951. Reprint. Chihuahua, Chih.: Centro Librero La Prensa.

_____. 1984. *Diccionario de Historia, Geografía y Biografía chihuahuenses.* Ciudad Juárez, Chih.: Impresora de Juárez.

Badillo Soto, Carlos. 1985. *Mátalos en caliente.* Durango, Dgo.: Tipografía Azteca.

Borrego, Salvador. 1980. *América peligra.* México, D. F.: Editorial JUS.

Braddy, Haldeen. 1955. *Cock of the Walk: Qui-qui-ri quí! The Legend of Pancho Villa.* Albuquerque, N.M.: University of New Mexico Press.

_____. 1978. *The Paradox of Pancho Villa.* El Paso, Tex.: Texas Western College Press.

Corral de Villa, Luz. 1981. *Pancho Villa en la intimidad.* Chihuahua, Chih.: Centro Librero La Prensa.

De Palacio, Gonzalo. N.d. *La Prensa.* México, D.F.

Foix, Pere. 1960. *Pancho Villa.* México, D.F.: Editorial Trillas.

Guzmán, Martín Luis. 1954. *Discurso de ingreso a la Academia Mexicana de la Lengua.* México, D.F.: Revista Tiempo, Marzo 1.

_____. 1972. *Memorias de Pancho Villa,* 1951. Reprint. México, D.F.: Compañía General de Ediciones.

Herrera, Celia. 1964. *Francisco Villa: ante la historia.* México, D.F.: Editorial Libros de México.

Jaurrieta, José María. 1953. *Seis años con el General Villa.* Unedited manuscript, Personal Archives of Clinton Luckett, El Paso, Tex.

Katz, Friedrich. 1998. *The Life and Times of Pancho Villa.* Stanford, Calif.: Stanford University Press.

Krauze, Enrique. 1987. *Entre el ángel y el fierro: Francisco Villa.* México, D.F.: Fondo de Cultura Económica.

Lavretsky, I., and Adolfo Gilly. 1978. *Pancho Villa: Dos ensayos.* México, D.F.: Editorial Macehual.

Machado, Manuel A. Jr. 1988. *Centaur of the North: Francisco Villa, the Mexican Revolution, and Northern Mexico.* Austin, Tex.: Eakin Press.

Medina Ruiz, Fernando. 1960. *Francisco Villa: cuando el rencor estalla.* México, D.F. Editorial JUS.

Muñoz, Rafael F. 1953. *Pancho Villa: rayo y azote.* México, D.F.: Populibros La Prensa.

Osorio, Rubén. 1988. *La Correspondencia de Francisco Villa. Cartas y Telegramas de 1912 a 1923.* Chihuahua, Chih.: Talleres Gráficos del Estado.

_____. 1988. *Pancho Villa, Ese desconocido.* Chihuahua, Chih.: Talleres Gráficos del Estado.

_____. 1995. *La Muerte de dos Generales: Felipe Angeles y Francisco Villa.* En prensa en la Universidad Autónoma de Ciudad Juárez, Chih.

Puente, Ramón. 1934. Francisco Villa. In *Historia de la Revolución Mexicana,* 2 vols., by José T. Meléndez, 239–274. México, D. F.: Talleres Gráficos de la Nación.

Rouverol, Jean. 1972. *Pancho Villa: A Biography*. New York: Doubleday and Company.

Ruíz, Ramón Eduardo. 1980. *The Great Rebellion: Mexico, 1905–1924*. New York: W.W. Norton and Company.

Shorris, Earl. 1980. *Under the Fifth Sun: A Novel of Pancho Villa*. New York: Delacorte Press.

Torres, Elías. 1975. *Vida y hazañas de Pancho Villa*. México, D.F.: Editorial Epoca.

Van Warrebey, Glenn. 1994. *Las Tácticas Gerenciales de Pancho Villa*. México, D.F.: Editorial Panorama.

Vargas, Juan Bautista. 1972. *A sangre y fuego con Pancho Villa*. México, D.F.: Fondo de Cultura Económica.

Velázquez Bringas, Esperanza. 1923. "El secreto del nacimiento de Francisco Villa." *Periódico Excélsior*, no. 2318, Segunda Sección. julio 23, 1923. México, D.F.

Vilanova, Antonio. 1979. *Muerte de Villa*. México, D.F.: Editores Mexicanos Unidos.

ARCHIVAL SOURCES

MUNICIPAL, STATE, AND NATIONAL ARCHIVES

Archives of the Big Bend, Sul Ross State University, Alpine, Tex.
Archivo Fotográfico Casasola, México, D. F.
Archivo Fotográfico del Museo de la Revolución, Chihuahua, Chih.
Archivo General de la Nación, México, D.F.
Archivo del Gobierno del Estado, Durango, Dgo.
Archivo Municipal de Chihuahua, Chih.

Archivo Municipal de Ciudad Lerdo, Dgo.
Archivo Municipal de Durango, Dgo.
Archivo Municipal de Hidalgo del Parral, Chih.
Archivo Municipal de San Andrés, Chih.
Archivo Municipal de San Juan del Río, Dgo.
Archivo Municipal de Santa Isabel, Chih.
Archivo Municipal de Satevó, Chih.
Archivo Público de la Propiedad, Durango, Dgo.
Archivo Público de la Propiedad,
    Hidalgo del Parral, Chih.
Archivo Público de la Propiedad, San Juan del Río, Dgo.
Archivo de la Secretaría de la Defensa Nacional,
    México, D.F.
Archivo del Supremo Tribunal de Justicia,
    Chihuahua, Chih.
Centro de Información del Estado de Chihuahua,
    Chihuahua, Chih.

PAROCHIAL ARCHIVES

Archivo de la Parroquia de Canatlán, Dgo.
Archivo de la Parroquia de San Andrés, Chih.
Archivo de la Parroquia de San Fermín de Pánuco, Dgo.
Archivo de la Parroquia de San Francisco de Asís,
    San Juan del Río, Dgo.
Archivo de la Parroquia de San José,
    Hidalgo del Parral, Chih.
Archivo de la Parroquia de Valle de Allende, Chih.

NEWSPAPERS

El Correo, Chihuahua, Chih.
El Criterio, Durango, Dgo.
El Domingo, Durango, Dgo.
Excélsior, México, D.F.
La Evolución, Durango, Dgo.
La Prensa, México, D.F.

El Sol, Durango, Dgo.
Vida Nueva, Chihuahua, Chih.

PRIVATE COLLECTIONS

Archives of Clinton A. Luckett, El Paso, Tex.
Archivo de Carlos Estrada Barraza, Durango, Dgo.
Archivo de Francisco Piñón, Chihuahua, Chih.
Archivo Fotográfico de José Fermán Aguilera,
    Torreón, Coah.
Archivo Fotográfico de Ramón Reyes García,
    Chihuahua, Chih.
Archivo de Luz Corral de Villa, Chihuahua, Chih.
Colección de Historia Oral de Rubén Osorio,
    Chihuahua, Chih.

PERSONAL COMMUNICATIONS

Ames Russek, Elisa, Chihuahua, Chih.
Caballero de Rubio, Margarita, Parral, Chih.
Camacho Fermán, Pablo, Chihuahua, Chih.
Cano, Gloria, Durango, Dgo.
Carbajal, Luis, Canatlán, Dgo.
Carreño, Esbardo, San Juan del Río, Dgo.
Corral de Villa, Luz, Chihuahua, Chih.
Estrada Barraza, Carlos, Durango, Dgo.
Fermán Gamboa, Esperanza, San Juan del Río, Dgo.
Fermán Hernández, Rafaela, Guadalajara, Jal.
Fermán, María Guadalupe, Durango, Dgo.
Garibay Valenzuela, Flor, Nuevo Ideal, Dgo.
Jiménez Martínez, Javier, San Juan del Río, Dgo.
Palencia Alonso, Héctor, Durango, Dgo.
Ponce, Ana María, San Juan del Río, Dgo.
Quiñones de Alanís, Elfega, Durango, Dgo.
Quiñones Fermán, Guadalupe, Ciudad Juárez, Chih.
Reyes Landa, María Luisa, Durango, Dgo.
Valle Bueno, Miguel, Durango, Dgo.

PERSONAL INTERVIEWS

Alvarado Fermán, Manuel, San Juan del Río, Dgo.
Aranda Fermán, Luz, Torreón, Coah.
Camacho Fermán, Socorro, Torreón, Coah.
Camacho de López-Puga, Margarita, Guadalajara, Jal.
Camacho de Téllez, Guadalape, Torreón, Coah.
Fermán Aguilera, Jesús, Torreón, Coah.
Fermán Aguilera, José, Torreón, Coah.
Fermán de Deydier, Inés, Rosario, Argentina
Fermán Flores, Gabriela, Torreón, Coah.
Fermán Flores, Jesús, Torreón, Coah.
Fermán Flores, Lucía, Torreón, Coah.
Fermán de García, Cecilia, Gradignan, France
Fermán Hernández, Juan, Guadalajara, Jal.
Fermán Hernández, María Elena, Guadalajara, Jal.
Fermán Hernández, Rafaela, Guadalajara, Jal.
Fermán Hernández, Teresa, Guadalajara, Jal.
Fermán de León, Rosario, Torreón, Coah.
Fermán de Muñiz, Socorro, Bear River, Utah, U.S.A.
Fermán de Rivera, Luz, Guadalajara, Jal.
Fermán de Villarán, Josefina, Guadalajara, Jal.
Pedroza de Estrada, María, Torreón, Coah.
Quiñones, María de Jesús, Cuauhtitlán-Izcalli,
    Estado de México
Quiñones Orozco, Francisca, San Juan del Río, Dgo.
Quiñones Quiñones, Jesús, Torreón, Coah.
Quiñones Santillano, Manuela, Torreón, Coah.
Quiñones, Silvestre, San Juan del Río, Dgo.
Saucedo Quiñones, Emma, Cuauhtitlán-Izcalli,
    Estado de México

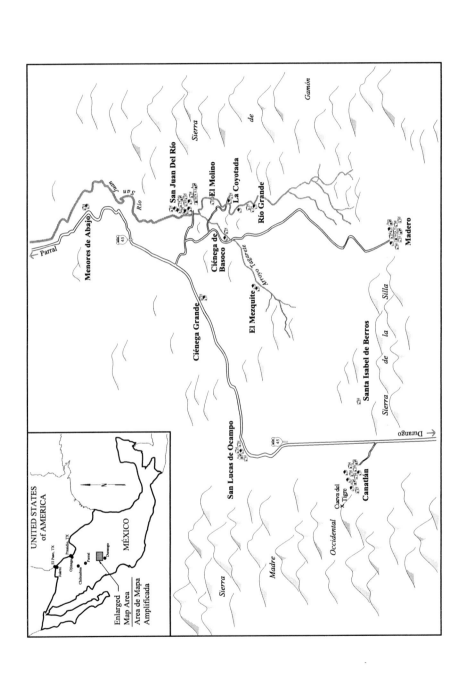

UNITED STATES
of AMERICA

El Paso, TX
Juárez
Ojinaga
Chihuahua
Parral
Ocampo
Durango

MÉXICO

Enlarged
Map Area
Area de Mapa
Amplificada

Parral

Menores de Abajo

Río San Juan

San Juan Del Rio

El Molino

La Coyotada

Río Grande

Ciénega de
Basoco

Sierra

de

Gamón

Madero

Arroyo Taggareta

Ciénega Grande

El Mezquite

Santa Isabel de Berros

Sierra   de   la   Silla

San Lucas de Ocampo

Durango

Canatlán

Cueva del
Tigre

Occidental

Madre

Sierra

Fermán and Quiñones Families

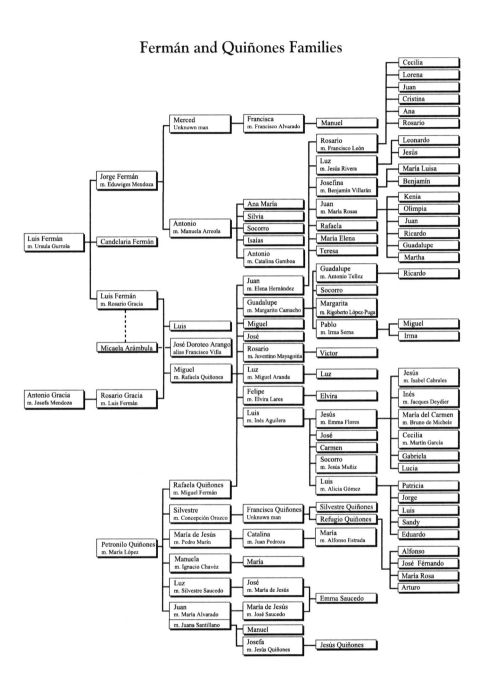

Arango and Arámbula Families

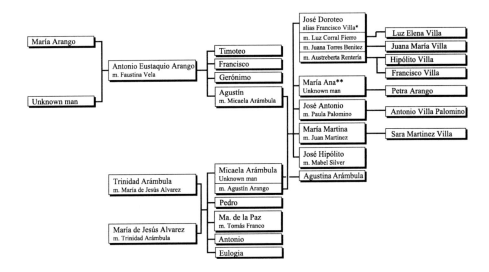

* At the end of the nineteenth century, José Doroteo Arango changed his last name to Villa.
** His brothers and sisters also changed their name from Arango to Villa.

* Al fin del siglo XIX José Doroteo Arango cambió su apellido a Villa.
** Sus hermanos y hermanas también cambiaron su apellido de Arango a Villa.

Francisco Villa, Governor of the State of Chihuahua, 1913–1914. Personal Archives of Ramón Reyes García, Chihuahua City.

Francisco Villa, Gobernador del Estado de Chihuahua, 1913–1914. Archivo privado de Ramón Reyes García, Chihuahua, Chih.

Miguel Fermán, half-brother of José Doroteo Arango. Personal archives of José Fermán Aguilera, Torreón, Coah.

Miguel Fermán, medio hermano de José Doroteo Arango. Archivo privado de José Fermán Aguilera, Torreón, Coah.

Luis Fermán Gurrola,
biological father of José
Doroteo Arango.
Personal archives of José
Fermán Aguilera,
Torreón, Coah.

Luis Fermán Gurrola,
padre biológico de José
Doroteo Arango.
Archivo privado de José
Fermán Aguilera,
Torreón, Coah.

Ciénega de Basoco ruins. San Juan del Río, Dgo., 1998.
Personal Archives of Rubén Osorio, Chihuahua City.

Ruinas de la Ciénega de Basoco. San Juan del Río, Dgo.,
1998. Archivo privado de Rubén Osorio, Chihuahua,
Chih.

Miguel Fermán, his wife Rafaela Quiñones de Fermán and family. San Juan del Río, Dgo. Personal archives of José Fermán Aguilera, Torreón, Coah.

Miguel Fermán, su esposa Rafaela Quiñones de Fermán y familia. San Juan del Río, Dgo. Archivo privado de José Fermán Aguilera, Torreón, Coah.

Villa during the Convention of Aguascalientes, 1914. Photograph taken by Josaphat Martínez, Puebla, México. Personal archives of Alfonso Martínez Guerra, Monclova, Coah.

Villa durante la Convención de Aguascalientes, 1914. Foto tomada por Josaphat Martínez, Puebla, México. Archivo privado de Alfonso Martínez Guerra, Monclova, Coah.

Villa poses with an unknown woman, circa 1918. Personal Archives of Francisco Piñón, Chihuahua City.

Villa posa con una mujer desconocida, hacia 1918. Archivo privado de Francisco Piñón, Chihuahua, Chih.

Villa arrives in Mexico City, December 1914. Casasola Collection, México City.

Villa llega a la Ciudad de México. Diciembre de 1914. Colección Casasola, México D.F.

Villa enters Mexico City with his Division of the North. December, 1914. Casasola Collection, México City.

Villa entra a la Ciudad de México con la División del Norte. Diciembre de 1914. Colección Casasola, México D.F.

Villa at the wedding of General Máximo García. Lerdo City, Durango, 1915. Personal Archives of Mrs. Luz Villa, Chihuahua City.

Villa en la boda del Gral. Máximo García. Ciudad Lerdo, Durango, 1915. Archivo privado de la Sra. Luz Corral de Villa, Chihuahua, Chih.

Mrs. Luz Villa. Chihuahua City, 1914.
Personal archives of Mrs. Luz Villa,
Chihuahua City.

Señora Luz Corral de Villa. Chihuahua,
1914. Archivo privado de la Sra. Luz
Corral de Villa, Chihuahua, Chih.

Luz Elena Villa, daughter of Pancho Villa
and Luz Villa, assassinated in San Andrés,
Chihuahua, in 1913. Personal archives of
Mrs. Luz Villa, Chihuahua City.

Luz Elena Villa, hija de Pancho Villa y Luz
Corral, asesinada en San Andrés,
Chihuahua, en 1913. Archivo privado de la
Sra. Luz Corral de Villa, Chihuahua, Chih.

Mrs. Luz Villa in Hollywood. From left to right are Wallace Beery, Mrs. Villa, Leo Carrillo, Gloria Duval, Clark Gable, and Cleotilde Terrazas. Hollywood, California, 1934. Personal archives of Mrs. Luz Villa, Chihuahua City.

La señora Luz Corral de Villa en Hollywood. De izquierda a derecha: Wallace Beery, la Señora Villa, Leo Carrillo, Gloria Duval, Clark Gable, y Cleotilde Terrazas. Hollywood, California, 1934. Archivo privado de la Sra. Luz Corral de Villa, Chihuahua, Chih.

From left to right: Mrs. Luz Villa, Aviation General Roberto Fierro, and an unknown personal friend. Chihuahua City, circa 1930. Personal archives of Mrs. Luz Villa, Chihuahua City.

De izquierda a derecha: Señora Luz Corral de Villa, Piloto Aviador Gral. Roberto Fierro, y una amiga desconocida. Chihuahua, hacia 1930. Archivo privado de la Sra. Luz Corral de Villa, Chihuahua, Chih.

Francisco Piñón, on Muñeca, a gift from General Villa, 1915. Personal archives of Francisco Piñón, Chihuahua City.

Francisco Piñón en La Muñeca, un regalo del Gral. Villa, 1915. Archivo privado de Francisco Piñón, Chihuahua, Chih.

Francisco Piñón, Villa's adopted son. Baylor University, Waco, Texas, 1920. Personal Archives of Francisco Piñón, Chihuahua City.

Francisco Piñón, hijo adoptivo de Villa. Universidad de Baylor, Waco, Texas, 1920. Archivo privado de Francisco Piñón, Chihuahua, Chih.

Hacienda la Purísima Concepción de El Canutillo, Durango, 1920. Personal Archives of Francisco Piñón, Chihuahua City.

Hacienda la Purísima Concepción de El Canutillo, Durango, 1920. Archivo privado de Francisco Piñón, Chihuahua, Chih.

Jimmy Caldwell, a vendor of agricultural machinery from Amarillo, Texas, and Villa. Hacienda El Canutillo, Durango, 1921. Personal Archives of Francisco Piñón, Chihuahua City.

Jimmy Caldwell, vendedor de maquinaria agrícola, de Amarillo, Texas, y Villa. Hacienda El Canutillo, Durango, 1921. Archivo privado de Francisco Piñón, Chihuahua, Chih.

Villa with friends at his hacienda El Canutillo posing with paddle in hand for playing rebote, a Basque game brought by the Spaniards to Nueva Viscaya (Durango and Chihuahua states) circa 1922. Casasola Collection, México City.

Villa en la hacienda El Canutillo posa con algunos amigos mientras juega rebote, un deporte vasco llevado por los españoles a la Nueva Vizcaya (estados de Durango and Chihuahua), hacia 1922. Colección Casasola, México D.F.

Villa target practices at his Canutillo Ranch, Durango, circa 1920. Mr. Elías Torres is on the left. Casasola Collection, México City.

Villa practica tiro al blanco en la Hacienda de El Canutillo, Durango, hacia 1920. A la izquierda, el Sr. Elías Torres. Colección Casasola, México D.F.

On July 20, 1923, Pancho Villa is assassinated in an ambush in the streets of Parral,
Chihuahua. Personal archives of Mrs. Luz Villa, Chihuahua City.

El 20 de julio de 1923, Pancho Villa es asesinado en una emboscada en las calles de Parral,
Chihuahua. Archivo privado de Sra. Luz Corral de Villa, Chihuahua, Chih.

Villa's mausoleum in the old cemetery of Nuestra Señora de la Regla, Chihuahua City, 1914. To the left is the mausoleum for the generals of the Division of the North. Today it is the mausoleum of the illustrious men of Chihuahua. Personal archives of Mrs. Luz Villa, Chihuahua City.

Mausoleo de Villa en el viejo cementerio de Nuestra Señora de la Regla en Chihuahua, 1914. A la izquierda, el mausoleo para los generales de la División del Norte. Actualmente es el mausoleo para los Hombres Ilustres de Chihuahua. Archivo privado de Sra. Luz Corral de Villa, Chihuahua, Chih.

General Francisco Villa, head of the Division of the North, 1914. Personal archives of Mrs. Luz Villa, Chihuahua City.

General Francisco Villa, jefe de la División del Norte, 1914. Archivo privado de Sra. Luz Corral de Villa, Chihuahua, Chih.

CAPÍTULO UNO

EL ORIGEN INCIERTO DE JOSÉ DOROTEO ARANGO

El 17 de noviembre de 1910, Francisco Villa, nombre de guerra del duranguense José Doroteo Arango, responde al llamado de Francisco I. Madero de tomar las armas para derrocar el régimen de Porfirio Díaz. Con unos cuantos hombres, ataca la hacienda de Chavarría cercana a San Andrés, Chihuahua, donde corre la primera sangre de la revolución—la del dueño de la hacienda y la de uno de sus hombres, que mueren en el combate. Después de diez años de guerra, en la cual se convierte en uno de sus líderes más destacados, las acciones sociales, políticas y militares de Villa, que dejan huella indeleble en la historia mexicana del siglo XX, han hecho que numerosos historiadores, escritores, novelistas y periodistas de todo el mundo se ocupen en investigar la vida de este tosco, vigoroso y carismático conductor de hombres.[1]

No obstante que su asesinato ocurrió en Hidalgo del Parral hace setenta y siete años, la personalidad de Francisco Villa aún despierta el interés de los investigadores. Sin embargo, los orígenes del bandolero Doroteo Arango, su otro yo que vive oculto al otro lado de la moneda en el submundo rural y miserable del México de Porfirio Díaz, son tan oscuros y bajos socialmente hablando, que muy poco ha interesado a los investigadores profundizar en ellos. Quizás sea poco atractivo no poder relacionar el origen social de algunos personajes de la historia, como Doroteo Arango, el futuro Francisco Villa que surge de la hez porfiriana, con linaje de reyes, familias de noble abolengo o militares egresados de academias de prestigio.

De hecho, un estereotipo opaco sobre el origen de José Doroteo Arango, su niñez miserable, su falta de escolaridad, su ignorancia y su vida de forajido entre los vericuetos de Durango, domina de tal forma el escenario de su historia temprana, que resulta muy difícil imaginar que las cosas pudieron haber sido diferentes. Para comprobarlo, basta echar un vistazo a lo que, una y otra vez, algunos historiadores, escritores y novelistas, varios de ellos muy destacados, han escrito sobre el origen social y los primeros años de la vida del personaje.

Francisco R. Almada, historiador emérito de Chihuahua, en sus obras: *La Revolución en el Estado de Chihuahua, Gobernadores del Estado de Chihuahua*, y *Diccionario de Historia, Geografía y Biografía chihuahuenses*, prácticamente no aborda el tema. Sólo afirma que, en 1911, cuando Villa hace su presentación matrimonial en la ciudad de Chihuahua para contraer matrimonio civil con Luz Corral Fierro, no declara llamarse José Doroteo Arango, sino Francisco Villa, hijo de Agustín Villa y Micaela Arámbula.[2]

Por su parte, Carlos Badillo Soto, escritor e historiador de Durango, en su obra sobre Villa *Mátalos en caliente*, sólo menciona que: «. . . nació el 5 de junio en la Coyotada, Río Grande, San Juan del Río, Durango, y tuvo cuatro hermanos».[3]

El escritor Enrique Krauze, en su libro *Entre el ángel y el fierro*, dice escuetamente: «Verosímilmente, Villa nació hacia 1878 en el municipio de San Juan del Río, Durango. Su padre, Agustín Arango, hijo ilegítimo de Jesús [sic] Villa, murió joven y dejó sin amparo a su mujer y a cinco hijos».[4]

En el libro de Juan Bautista Vargas *A sangre y fuego con Pancho Villa*, el escritor Jorge Aguilar Mora expresa: «La prensa y otros informes de inteligencia militar [no aclara de qué país] aseguran que Villa era un exsoldado norteamericano, negro, hijo ilegítimo de un rico español, antirreligioso, borrachín y un consumado estratega a la altura de Napoleón». Poco más adelante, presumiblemente defendiéndolo, Aguilar Mora agrega: «Villa no bebía alcohol, no fumaba mariguana, se persignaba devotamente a la hora del ángelus, sólo sabía unas cuántas palabras obscenas en inglés, era incapaz de leer mapas y únicamente practicaba la estrategia propia de cualquier indio en estado de guerra».[5]

Ramón Puente, médico y colaborador muy cercano a Villa en Chihuahua, cita en su biografía: «El nombre de la madre de Doroteo Arango, no era Micaela Arámbula sino Micaela Germán. Y como Agustín Arango no era su padre, sino su padrastro, Villa debería haber utilizado su apellido materno y llamarse Doroteo Germán».[6]

En una corta visita que la escritora Esperanza Velázquez Bringas hizo a Villa en la Hacienda de El Canutillo, éste le confió:

Hace algunos años, cuando todavía andaba yo revolucionando, en una de mis muchas visitas a Parral, conocí a un anciano dueño de una pequeña tienda. Él había conocido a mi madre desde muy joven y conoció a mi abuelo paterno que se apellidaba Arango; y según me relató, mi padre había sido un señor apellidado Germán. Yo ignoro por qué mi madre se acostumbró al apellido Villa. Quizás sería para ocultarme de mi padre, porque él nunca vivió con ella y temiera que me quitara de su lado. Lo cierto es que yo crecí como Villa, y cuando supe que mi apellido era Germán, ya no era tiempo de cambiar de nombre. En mi pueblo natal, nadie sabía esa historia o nadie quiso decírmela. Si me la hubieran contado, habría usado mi apellido paterno, porque aunque nunca conocí a mi padre, no siento ningún rencor por él. Así que—agregó Villa—mis hijos y yo somos Germanes.[7]

Velázquez Bringas especula en su artículo, publicado en *Excélsior*, sobre la raíz étnica del apellido Germán y dice:

«Pero ese apellido parece de origen árabe o judío», le comenta la escritora. «Posiblemente sea judío español—contestó Villa—porque el anciano que me contó esa historia, me refirió que mi padre era hijo de un español que había llegado a comerciar por Parral».

La escritora continúa diciendo:

> Seguramente que ese judío español, que en años remotos llegara a México por la frontera norte, debió ser descendiente de famosos aventureros, y con la mezcla de raza india, produjo a Francisco Villa, Francisco Arango o Francisco Germán. Una estadística recientemente hecha en París, muestra que figuras prominentes en la ciencia y en el arte, en suma, hombres y mujeres de relieve mundial en cualquier sentido, han sido de origen judío, especialmente desde que los judíos fueron expulsados de España y se diseminaron por todo el mundo. El general Villa no era religioso y parece que jamás, ni en sus primeros años, practicó religión alguna. Pero quiero consignar una frase suya que refleja su admiración por Cristo. Al comentar conmigo su aborrecimiento por los clérigos, me dijo:

>> Yo nunca pude soportarlos por falsos y autócratas. Ellos se han dedicado a explotar a los humildes y a falsear las ideas de Cristo. ¡Cristo, qué grande era! ¡Él si que era un verdadero demócrata!

Velázquez Bringas termina su artículo diciendo:

> Villa había llegado la época en la que el hombre, perdida la fé en los mitos religiosos, necesita el apoyo de una idea, de una filosofía. Estaba en la época en la cuál todos los hombres serenan el

espíritu y empiezan a pensar en su vida espíritual. Y hoy, este día, la prensa anuncia sus funerales en Parral.[8]

Por otra parte, el periodista Gonzalo de Palacio publica en *La Prensa* de la ciudad de México: «Los orígenes de Pancho Villa son muy humildes y oscuros. Nació el 5 de junio de 1878 en Río Grande, Durango. Su padre se apellidaba Germán y su madre se llamaba Micaela Arámbula. Su padrastro, Agustín Arango, que lo adoptó, le puso por nombre Doroteo».[9]

Y en el libro *América peligra*, un violento ataque en contra de la presencia de judíos en América, su autor Salvador Borrego dice sobre el inicio de la revolución mexicana de 1910:

> El desierto de Chihuahua era terreno propicio para pegar un día en un poblado y al día siguiente aparecer en un punto muy distante, casi sin dejar rastro. Por el mismo rumbo (el occidente de Chihuahua) no tardó en surgir otra partida-aparentemente también de abigeos [sic]—encabezada por Francisco Villa, originalmente llamado Francisco Germán y luego Doroteo Arango.[10]

Y Borrego, de la misma manera que otros escritores que no citan sus fuentes de información, hace suyo uno de tantos mitos existentes sobre Villa: que era el vengador de su hermana y que, para no ser encarcelado, había huído al monte.

En su libro *Pancho Villa: Rayo y azote*, el periodista Rafael F. Muñoz hace hablar a Villa en primera persona:

> En un rancho de San Juan del Río, cerca de Durango, nací en 1877 [sic]. Fuí el primero de los cinco hijos de una familia sumamente pobre y mi padre murió cuando éramos muy pequeños. Yo no puedo olvidar que esa fue la causa de que hubiera días que no teníamos que comer.[11]

Fernando Medina Ruiz escribe en *Cuando el rencor estalla:*

> Doroteo Arango, hijo de Agustín Arango y de Mi
> caela Arámbula, campesinos del norte de México,
> apareció en el mundo el 5 de junio de 1878, en
> una comunidad rural del municipio de San Juan
> del Río, Durango. Su familia era de muy mengua
> dos recursos y por si eso hubiera sido poco,
> Agustín Arango fallece cuando Doroteo y sus her
> manos tenían muy corta edad.[12]

Por su parte, Elías Torres escribe en *Vida y hazañas de Pancho Villa:*

> En la primavera de 1895, en uno de los ranchos
> llamado el Guajito, [sic] de la propiedad rural
> Santa Isabel de Barros [sic], en el municipio de
> Acatlán [sic], Durango, vivían Agustín Arango
> [sic], su esposa Micaela Arámbula y sus cinco hi
> jos. El primero, Doroteo, nació en Río Grande,
> municipio de San Juan del Río, el 5 de junio de
> 1878, y tenía unos cuántos meses de haber salido
> de la cárcel.[13]

En su libro *Francisco Villa ante la historia*, Celia Herrera, acérrima enemiga de Villa, cita un sitio muy diferente para su nacimiento: «Doroteo Arango, de padres campesinos, nació en el rancho El Pajarito, cerca de San Juan del Río, Durango, el 5 de junio de 1878».[14]

Por si fuera poco, Villa mismo añade confusión al tema. En mayo de 1911, cuando contrae matrimonio con Luz Corral Fierro en la parroquia de San Andrés, Chihuahua, firma el acta como Francisco Villa, originario de San Juan del Río, Durango, hijo de Agustín Villa y de Micaela Arámbula.[15] Sin embargo, en 1915, en Lerdo, Durango, cuando asiste como testigo a la boda civil de Carmen Torres y Máximo García, uno de sus generales, firma el acta con el nombre de Doroteo Arango.[16] Ocho años después, en la parroquia del Valle de Allende, cuando es padrino en el bautizo de la niña María del Carmen Lozoya, hija de su amigo don Sabás Lozoya, minero de Guanaceví, Villa firma el libro parroquial con el nombre de Francisco Villa.[17]

Dos semanas después del bautizo en el Valle de Allende, el 20 de julio de 1923, día que es asesinado, en el certificado de defunción que se encuentra en la presidencia municipal de Hidalgo del Parral, los oficiales lo describen como Francisco Villa, de aproximadamente cuarenta y seis años de edad, casado, originario de San Juan del Río, Durango, hijo de Agustín Villa y de Micaela Arámbula.[18]

Los investigadores extranjeros tampoco aclaran el origen social de Villa. Pere Foix, escritor y biógrafo español, escribe escuetamente: «El 5 de junio de 1878, nació un niño al que sus padres bautizaron con el nombre de Doroteo, primer hijo del matrimonio Arango, a quien siguieron Antonio, Hipólito, Martina y Ana».[19] Otro escritor español, Antonio Vilanova, en su libro *Muerte de Villa*, simplemente dice que Villa nació el 5 de junio de 1878, en el rancho de Río Grande, municipio de San Juan del Río, Durango.[20]

Earl Shorris, novelista norteamericano con una imaginación exuberante, en su libro *Under the Fifth Sun*, dice que durante el nacimiento de José Doroteo, a su madre «. . . aunque le frotan el vientre con aceite y le ponen un cuchillo debajo del petate, el parto es lento, muy doloroso y su coronación a la hora de Itztli, el dios del Cuchillo de Obsidiana». Al nacer, asegura Shorris, «el niño es un monstruo de más de cinco kilos de peso que tiene el cabello rojizo y rizado y unos enormes ojos de búho». Y da como un hecho que Agustín Arango, el padre, muere cuando el niño tiene siete años de edad.[21]

Por su parte y para no ser menos que su colega norteamericano, Lavretsky, historiador de la ya desaparecida Unión Soviética, expresa en su ensayo *Pancho Villa*:

Doroteo Arango, apodado Francisco Villa o Pancho Villa, era un peligroso bandido y criminal. Nació en 1877 o 1878—no se ha precisado bien la fecha [*sic*]—en la familia de un peón de la hacienda Gorgojito [*sic*], cerca de San Juan del Río, Durango. Pancho Villa era mestizo, de origen hispano-indio tarahumara. [*sic*] A la edad de doce años, habiendo muerto su padre, se fugó de la hacienda pero fue capturado, devuelto a su lugar de origen y encadenado por el mayordomo para castigarlo por su falta.[22]

Ramón Eduardo Ruíz, historiador norteamericano, escribe en *The Great Rebellion: Mexico, 1905–1929*:

Pancho Villa nació el 7 de julio de 1878, enmedio de una familia de medieros, como Doroteo Arango, en la Coyotada, un caserío en Durango. (*sic*) Hacia 1892 se había ganado sus espuelas como un ladrón de poca monta que se unió a unos bandoleros jefaturados por un tal Francisco Villa, de quien tomó su nuevo nombre.[23]

Manuel A. Machado Jr., otro historiador norteamericano, escribe en *Centaur of the North*:

El 5 de junio de 1878, por todo México miles de niños llegaron al mundo sin anunciarse. Los clarines fracasaron al no proclamar su llegada y no hubo mucha excitación sobre un suceso tan insignificante. En la hacienda de Río Grande, un niño, llegó a Agustín Arango y a su esposa Micaela Arámbula.[24]

Jean Rouverol, escritor norteamericano, dice en su libro *Pancho Villa: A Biography*:

No nació como Pancho Villa y, en el altiplano de México, los archivos de Durango cuentan la historia: 'En San Juan del Río, el 7 de julio de 1878, ante mí, juez del ramo civil, se presentó Agustín

Arango junto con testigos . . . y declaró: que el 5
del mes de junio anterior, nació un niño en Río
Grande, a quien puso por nombre Doroteo'.[25]

Por su parte, Glenn Van Warrebey, siquiatra norteamericano, escribe en su obra *Las tácticas gerenciales de Pancho
Villa*:

> Hijo de un pobre mediero, nació en Río Grande,
> cerca de Durango, el 5 de junio de 1878. Hasta los
> dieciséis años de edad, se esclavizó en una gran
> hacienda por veinticinco centavos diarios. En la
> mayoría de los casos, este mezquino salario
> tomaba la forma de una ración de comida: frijoles,
> maíz, azúcar y ropa de algodón burdo. Condenado
> por herencia y con sólo horizontes perdidos a la
> vista, con este sistema feudal el campesino estaba
> siempre en deuda. Cuando finalmente fallecía, lo
> cual era muy frecuente, la única herencia que
> dejaba era su deuda. Ésta, como un pesado fardo,
> obligaba al hijo a liquidarla con el sudor de su
> frente.[26]

El escritor y novelista nacido en México y nacionalizado
español, Martín Luis Guzmán, gran admirador de Porfirio
Díaz e hijo de un coronel porfirista que muere peleando en
contra de los revolucionarios de Chihuahua, inicia su relato
novelado *Memorias de Pancho Villa,* no cuando José Doroteo
Arango nace, sino cuando tiene ya dieciséis años de edad. Y
hace que éste, en primera persona, explique el origen de su
nombre:

> Por aquella época, yo era conocido con el nombre
> de Doroteo Arango. Mi señor padre, don Agustín
> Arango, fue hijo natural de don Jesús Villa, y por
> ser ese su origen, llevaba el apellido Arango, que
> era el de su madre, y no el que le tocaba por el lado
> del autor de sus días. Mis hermanos y yo, hijos
> legítimos y de legítimo matrimonio, recibimos

también el apellido Arango, con el cual y solamente con ése, era conocida nuestra familia.[27]

De acuerdo con el relato de Guzmán, Doroteo Arango
echa en cara a un individuo llamado Jesús Villa, ser el padre
de Agustín Arango, su propio padre, a quien le correspondía
llevar el apellido Villa. Y dice que, debido a las persecuciones
que sufría por parte de las autoridades de Durango, decidió
cambiarse el apellido Arango, que no le correspondía, y
ponerse el Villa «que sentía más suyo».[28]

El historiador austriaco Friedrich Katz, en su biografía
The Life and Times of Pancho Villa, anota la opinión que,
afirma, tienen la mayor parte de los investigadores sobre su
origen:

> Uno de los pocos aspectos de su vida, en el cual to-
> dos están de acuerdo, es que nació en el rancho de
> la Coyotada, parte de una gran hacienda de
> Durango perteneciente a la familia López Ne-
> grete. Sus padres, Agustín Arango y Micaela
> Arámbula, eran medieros en esa hacienda. El
> niño, que más tarde sería conocido como Fran-
> cisco Villa, fué bautizado como Doroteo Arango.
> (Existen diferentes opiniones sobre su nombre
> real.) Su padre murió a una edad temprana y su
> madre tuvo que sostener a cinco hijos.[29]

Finalmente, el escritor norteamericano Haldeen Braddy,
en su libro *Cock of the Walk*, describe vívidamente el origen
de Arango:

> En el pueblo de Río Grande, nace Doroteo
> Arango. ¡Qué nombre, Doroteo, para un niño
> destinado a hacer historia como el líder más feroz
> de la revolución! No me asombra que lo cambiara
> por el más sonoro de Francisco Villa.
>
> Sus padres, peones que conocen la pobreza, las en-
> fermedades y el hambre, viven en un rancho del

que es dueño don Arturo [sic] López Negrete. Agustín Arango consuela a Micaela Arámbula, la madre de José Doroteo, después de que su esposo la abandona.[30]

Más adelante, Braddy describe patéticamente la noche del nacimiento de José Doroteo. «Cayó una tormenta muy fuerte y durante los relámpagos, hubo un cambio notable en el tamaño, el color y el curso de Venus, clara advertencia del cielo para señalar las dificultades que enfrentaría el recién nacido».[31] Y al tratar de explicar por qué aquel niño, inmerso en el anonimato de la chusma, es capaz de elevarse sobre las duras circunstancias de la vida y burlar al destino, expresa:

> El triunfo posterior del héroe, podría, quizá, ser explicado. Su independencia de espíritu debe rastrearse hasta su verdadero padre, que no era Agustín Arango sino un noble de origen español . . . un aristócrata español, muy arrogante, por cuyas venas corría sangre azul, circunstancia que colocaba a su hijo encima de los demás campesinos, destinándolo, desde el principio, a un futuro brillante. En aquella época, no eran raros los niños con sangre mezclada y la letra de la popular canción *"Boanerges"*, bien podría aplicarse a Doroteo:
>
> > Mi pobre madre murmuró consoladoramente
> > y me dijo que por mis venas palpitantes
> > veloces corrían torrentes de sangre real . . .[32]

Esto es sólo una parte de lo que algunos historiadores, escritores, periodistas y novelistas, tanto mexicanos como extranjeros, han escrito sobre el origen de José Doroteo Arango, el futuro Francisco Villa. Mencionar, aunque sólo fuese brevemente, a todos los que se han ocupado en escribir sobre hombre tan carismático, sería labor de romanos.

Ante la imposibilidad de poner de acuerdo opiniones tan dispares, sólo mencionaré que partir del 7 de julio de 1878, en los archivos de San Juan del Río, Durango, han estado disponibles a todos los investigadores genuinamente interesados, dos documentos donde constan, claramente, su nombre, la fecha y el lugar de su nacimiento, los nombres de sus padres y los nombres de sus abuelos paternos y maternos. El primero es el acta del registro civil que se encuentra en el Archivo Municipal. El segundo, la fe de bautizo asentada en los libros de la parroquia de San Francisco de Asís.

Estos documentos demuestran tres realidades:

1. 1. Un hijo de Agustín Arango Vela y de Micaela Arámbula Alvarez nació el 5 de junio de 1878 en el poblado de Río Grande, Durango.
2. 2. El 7 de julio del mismo año, fué registrado en la presidencia municipal de San Juan del Río con el nombre de Doroteo Arango Arámbula.[33]
3. 3. Ese mismo día, José Andrés Palomo, presbítero de la parroquia de San Francisco de Asís, lo bautizó solemnemente, le puso el nombre de José Doroteo, lo exorcizó y le aplicó el Santo Óleo y el Sagrado Crisma.[34]

Para hacer más complicada la historia del origen social de José Doroteo Arango, en 1986 me fue proporcionada, en la ciudad de Chihuahua, una información personal que añadió más confusión a la niebla que envuelve su origen. Pablo Camacho Fermán, médico extremadamente serio y formal en todos sus asuntos y estudioso de la Historia de México, conversaba conmigo sobre el origen social y la vida de cuatrero de Francisco Villa en Durango. Repentinamente, me disparó a quemarropa:

> Es tradición oral en mi familia que Doroteo Arango, o Francisco Villa, era hijo ilegítimo de don Luis Fermán, mi bisabuelo, un hacendado de origen judío-austriaco. A mediados del siglo pasado, Luis Fermán llegó a México procedente

del Principado de Liechtenstein y se asentó en el estado de Durango.[35]

Después de escuchar tan insólita noticia, no pude menos que guardar silencio y mirar a mi informante con estupor. Aquella era la primera vez, durante los largos años que estudiaba la revolución mexicana en el estado de Chihuahua, que me enfrentaba a una información de esa naturaleza. Después de un momento de reflexión, expresé a mi informante que, sin tratar de poner en tela de juicio lo que acababa de decir, jamás había escuchado una versión tan insólita sobre el origen social de Villa.

¿Francisco Villa, el revolucionario que odiaba a los hacendados, hijo de un hacendado de origen judío-austriaco? ¿Que llega a México procedente de Liechtenstein, el pequeño principado independiente situado entre Austria, Suiza y Alemania, exactamente en el corazón germánico de Europa? Un tanto escéptico, solicité a mi informante que me proporcionase más información. Haciendo caso omiso de mi escepticismo, me refirió algunas de las conversaciones que sostuvo en Torreón, su ciudad natal, con su abuelo, don Miguel Fermán, y lo que, desde niño, escuchó decir a sus padres sobre el parentesco.

En lo substancial, dijo que a mediados del siglo XIX, Luis Fermán, originario de Bläudorf, aldea alpina actualmente desaparecida, residía en Schaan, pequeña ciudad industrial situada pocos kilómetros al norte de Vaduz, capital de Liechtenstein. A mediados del siglo pasado, emigra a México, donde después de permanecer algún tiempo en Tamaulipas, se asienta en tierras de Durango y adquiere una propiedad cercana a San Juan del Río. Allí se establece con Rosario Gracia, con quien procrea dos hijos. Luis, el primero, muere muy joven sin dejar descendencia. El segundo, Miguel Fermán Gracia (abuelo materno de mi informante) nace en 1870 en la Ciénega de Basoco.[36] Después de que muere su esposa Rosario, Luis Fermán tiene relaciones personales con Micaela Arámbula, sirvienta en la casa grande de la hacienda. Como resultado de esta relación, «nace un hijo—dice mi informante—ilegítimo o bastardo de don Luis Fermán, mi bisabuelo».[37]

En 1870 el dictador Porfirio Díaz asciende al poder por medio de un cuartelazo. México emerge de dos desastrosas guerras en contra de Estados Unidos y Francia, y sufría violentas luchas intestinas e interminables disturbios sociales. Durante todos estos hechos, el dominio de los hacendados de Durango sobre los peones, sus mujeres y sus hijas, que incluía el antiguo derecho de pernada, era ignominioso.

A la pregunta de por qué este insólito parentesco jamás se había hecho del conocimiento público, mi informante contestó:

> Mis abuelos y toda la familia, siempre mantuvieron este parentesco en voz baja, no era algo de lo cual la familia Fermán pudiera enorgullecerse. Siendo Arango, el producto de unas relaciones ilícitas de don Luis Fermán con una sirvienta, su nacimiento fue considerado como algo vergonzoso que no debía mencionarse. Cuando el muchacho Arango creció, trabajó como peón en la propiedad de mi bisabuelo, y después de su muerte, también trabajó con mi abuelo Miguel, quien se unió a doña Rafaela Quiñones López, vecina de San Juan del Río.[38]

Después de vivir un tiempo en la Ciénega de Basoco, José Doroteo la abandona y se va con su familia a vivir a un rancho situado en una de las haciendas de los López Negrete. Poco después, ingresa a una banda de cuatreros y desaparece de la vista de la familia Fermán. Después de varios años de forajido huyendo de la Acordada de Durango, que al mando de don Octaviano Meraz lo busca para colgarlo, Arango emigra a Chihuahua en donde en 1910 se une a la revolución de Madero.

«Sin embargo—afirma mi informante—Villa reaparece en 1911 al frente de una partida armada, y ataca la propiedad de la familia Fermán». Para salvar a su hija Guadalupe (madre de mi informante) que tenía un año de edad, su abuelo Miguel tuvo que sacarla por una ventana y huír a caballo con ella en brazos. La familia Fermán pierde así, de acuerdo con este relato, huyendo de la furia vengativa de Villa, todo lo que tenía en Durango y va a establecerse a Torreón. «A partir de ese momento, los Fermán tuvieron muy buenas razones para execrar el nombre de Francisco Villa».[39]

Debido a que no existían documentos que apoyasen, por expresarlo de alguna manera, la ilegitimidad de José Doroteo Arango, el dicho de una sola persona no era suficiente para aceptar o rechazar la relación de parentesco entre Luis Fermán y José Doroteo Arango. Si yo deseaba averiguar lo que hubiese de cierto sobre la insólita relación entre estas dos personas, era necesario que realizara una amplia investigación documental en Durango, que situara a los actores en el escenario exacto de la historia—y una investigación oral con descendientes de Luis Fermán, donde los encontrase, que diera voz a esos actores.

Nada pudo hacerse debido a que, en 1987, asuntos de trabajo me llevaron fuera de México. No sólo me alejé durante varios años del país, sino que, enmedio de los violentos disturbios sociales en Haití y de la brutal guerra civil en Somalia, en el Cuerno de Africa, me olvidé por completo de Luis Fermán, de su *affaire d'amour* con Micaela Arámbula, de José Doroteo y de todo el proyecto. El tiempo, indiferente, dejó caer sobre los archivos de Durango y sobre la historia oral, un dilatado compás de espera.

Varios años transcurrieron antes de que pudiera plantear, en términos concretos, una investigación que tratase de desenredar el apretado ovillo de la relación Fermán-Arango. Sería hasta 1997 que me fue posible estructurar un plan de trabajo, que incluyese tanto la investigación archival como la oral. Este plan fue diseñado teniendo como objetivo, la investigación de cinco puntos primordiales:

- Investigar si Agustín Arango, Micaela Arámbula y su familia, residían en la región de San Juan del Río, Durango, a fines de la década de 1870.

- Investigar si la relación legal padre-hijo existente entre Agustín y José Doroteo Arango, era un hecho unánimemente aceptado, o si había motivos razonables para pensar otra cosa.

- Investigar si en la década de 1870, residió en la Ciénega de Basoco o en cualquiera otra propiedad suya en la región de San Juan del Río, Durango, un hacendado de origen judío-austriaco llamado Luis Fermán. Si residió allí, investigar si él y Micaela Arámbula se conocieron y si tuvieron o no, la oportunidad de tener una relación personal. Investigar si en esta misma región, vivió un hacendado de origen español de apellido Germán.

- Investigar si Francisco Villa, al frente de un grupo armado, atacó en el curso de 1911 la Ciénega de Basoco o alguna otra propiedad de la familia Fermán en San Juan del Río, y si amenazó de muerte o en alguna otra forma a la familia.

- Localizar a descendientes de Luis Fermán, y obtener sus testimonios orales sobre el origen y la vida de la familia Fermán en San Juan del Río, Durango. Indagar con ellos el posible parentesco existente entre Luis Fermán y José Doroteo Arango.

Con este proyecto en mente, en enero de 1997 inicié, en la ciudad de Chihuahua, la tarea de investigar el incierto origen social de José Doroteo Arango, alias Francisco Villa. Durante dos años y medio, la investigación se extendió a varias ciudades, pueblos y rancherías situados en los estados de Durango, México, Coahuila, Jalisco y Chihuahua.[40]

CAPÍTULO DOS

LA INVESTIGACIÓN DOCUMENTAL Y ORAL

De la ciudad de Chihuahua partí rumbo a Durango y San Juan del Río, esperando encontrar en sus archivos documentos que avalaran la existencia, hacia 1870, de un hacendado de origen judío-austriaco llamado Luis Fermán. En caso de lograrlo, buscaría descendientes suyos que me proporcionasen información sobre el posible parentesco entre él y Doroteo Arango, alias Francisco Villa.

La primera incursión la hice al archivo de la propiedad de Durango, en donde aparecieron datos de dos propiedades rústicas localizadas en el municipio de San Juan del Río, pertenecientes a varias personas de apellido Fermán. En el predio Ciénega de Basoco: Rafael Fermán, 1 hectárea; Manuel Fermán, 335 hectáreas; Antonio Fermán, 335 hectáreas; Miguel Fermán, 4650 hectáreas; y en el predio el Huizache: Crescencio Fermán, 880 hectáreas.[1]

En el Archivo Histórico del Gobierno del Estado de Durango, aparecieron numerosos documentos—entre ellos los nombres de los principales miembros de la banda, noticias de diversos asaltos y órdenes de aprehensión en su contra. Estos documentos confirman la existencia de un bandolero llamado Francisco Villa, originario de Zacatecas, que merodeaba por el estado de Durango durante la década de 1880, cuando José Doroteo Arango sólo tenía ocho o diez años de edad.[2]

También en Durango, me puse en contacto con Carlos Estrada, químico de profesión e historiador aficionado, quien me proporcionó información sobre el matrimonio en San Fermín de Pánuco, y un árbol genealógico que se remonta a tres generaciones, de Agustín Arango Vela y Micaela Arámbula Alvarez. Esta información fue obtenida por Estrada durante minuciosas investigaciones que realizó en varias comunidades de Durango, en los archivos parroquiales de San Juan del Río y San Fermín de Pánuco, y en los archivos mormones en Estados Unidos.[3]

Me trasladé a San Juan del Río en cuyos archivos municipal y parroquial encontré actas civiles y eclesiásticas de nacimientos, matrimonios y bautizos, los cuáles, unidos a los documentos de Durango, dieron una sólida estructura a la investigación archival. En el archivo municipal se encuentra el acta de nacimiento de Doroteo Arango Arámbula, hijo de Agustín Arango y Micaela Arámbula, vecinos del poblado de Río Grande, situado a muy corta distancia de la Ciénega de Basoco. Y en el archivo de la parroquia de San Francisco de Asís, localicé el acta de bautismo de José Doroteo y las actas de bautizo de sus cuatro hermanos: María Ana, José Antonio, María Martina y José Hipólito, todos Arango.[4]

En el mismo archivo, encontré el acta matrimonial de Luis Fermán Gurrola y Rosario Gracia, en la cuál el contrayente declara ser hijo legítimo de Úrsula Gurrola y Luis Fermán y haber nacido en 1836, en San Juan del Río. También localicé en los libros parroquiales las actas de bautizo de Luis y Miguel Fermán, hijos legítimos del matrimonio anterior. Finalmente, encontré el acta de matrimonio religioso celebrado entre Miguel Fermán y Rafaela Quiñones.[5] Estos documentos establecen lo siguiente:

- Entre las décadas de 1830 y 1890, vivían en la región de San Juan del Río, Durango, no uno, sino dos individuos que tenían el mismo nombre, Luis Fermán—padre e hijo.

- Ninguno de los documentos menciona el lugar de nacimiento, la nacionalidad ni el apellido materno de Luis Fermán, padre.

- Los matrimonios religiosos de Luis Fermán, Luis Fermán Gurrola y Miguel Fermán Gracia, casados respectivamente con Úrsula Gurrola, Rosario Gracia y Rafaela Quiñones, en iglesias católicas, unidos a los bautizos de todos sus hijos realizados en la parroquia de San Francisco de Asís, de San Juan del Río, indican que los Fermán mencionados eran nominalmente católicos.[6]

Con la información proporcionada por el Sr. Estrada, una rápida visita a San Fermín de Pánuco, población no muy alejada de San Juan del Río, me permitió localizar fácilmente, en el archivo de la parroquia, el acta de matrimonio celebrado entre Agustín Arango y Miqueila [*sic*] Arámbula.[7]

Por lo que respecta a la investigación oral, no hubo el menor avance. En varios poblados del municipio de San Juan del Río, residen varias familias de apellido Fermán, pero ninguna de ellas emparentada directamente con los dueños de la Ciénega de Basoco. En busca de mayor información, me dirigí a la ciudad de Canatlán, en donde una minuciosa investigación dio, nuevamente, resultados negativos en este sentido. Y nada encontré, en el archivo parroquial, sobre las familias Fermán, Gurrola y Gracia.

A cambio de ese vacío inicial de información oral, don Luis Carbajal, cronista de la ciudad de Canatlán, me proporcionó información valiosa sobre la juventud de José Doroteo Arango en Durango y sus estrechas relaciones con don Pablo Valenzuela, acaudalado comerciante local y socio en diversos negocios del hacendado Agustín López Negrete. En la región y durante un tiempo, de Valenzuela se rumoró insistentemente ser el padre ilegítimo de José Doroteo Arango. Esto se debe a que Valenzuela se convirtió, por alguna razón, en protector de José Doroteo y secretamente le ayudó a ingresar, cuando el turbulento muchacho contaba apenas con dieciséis o diecisiete años de edad, a la banda de cuatreros de Ignacio Parra. Esto fue precisamente cuando Parra acababa de matar, de un certero tiro de rifle que le descerrajó desde un cerro cercano, al juez de paz que se encontraba de pie en una de las puertas del juzgado.[8]

Luego, don Luis Carbajal me llevó en una fatigosa caminata a la Cueva del Tigre, situada en un empinado y pedregoso cerro cercano a Canatlán—inexpugnable guarida montañesa de la banda de Ignacio Parra. Desde su cumbre, podía ver algunas de las dilatadas planicies de Durango que interminables se extienden hacia el norte, desde la hacienda de Santa Isabel de Berros hasta más allá de San Juan del Río; planicies flanqueadas hacia el sur, por la sierra de la Silla; hacia el este, por la Sierra de Gamón; y hacia el oeste, por las azuladas montañas de la Sierra Madre. Cuando nos encontrábamos en la cumbre del cerro, me dijo don Luis, señalando con una mano aquella vasta región:

> Lo traje a este lugar para que viera usted la cueva donde se escondía la banda de forajidos de Ignacio Parra. En esa banda, Pancho Villa, muy joven, aprendió todo lo que necesitaba saber para poder pelear contra la gendarmería montada y el ejército de Porfirio Díaz. Entre estos cerros abruptos y entre estos llanos, Pancho Villa se hizo hombre y se convirtió en soldado.[9]

CAPÍTULO TRES

VIAJES Y ENTREVISTAS

Mi proyecto de historia oral casi muere antes de empezar. Cuando regresé a Canatlán, llamé a Rafaela Fermán en Guadalajara sólo para enterarme que Juan Fermán, su padre, el último hijo que quedaba vivo de don Miguel Fermán, había muerto en 1994. Afortunadamente, me dijo que podría encontrar la información que buscaba en Torreón, con sus primos Jesús y José Fermán, propietarios de un taller de reparación automotriz.

Equipado con sólo una dirección, partí en autobús para Torreón, la Perla de la Laguna, y decidí utilizar una estrategia directa. Inmediatamente tomé un taxi para ir al taller de los Fermán, en donde aparecí sin anunciarme. Después de identificarme con los propietarios como un investigador de Chihuahua, les dije que buscaba información sobre la familia Fermán. Luego añadí, calmadamente, que también me gustaría discutir con ellos el probable parentesco existente entre don Luis Fermán y Doroteo Arango, alias Francisco Villa.

Para mi sorpresa, mi táctica funcionó. Los hermanos Fermán no tuvieron tiempo de prepararse y su sorpresa fue tremenda. ¿Quién de ellos podía haber pensado que un desconocido de Chihuahua, arribaría a su taller y les pediría discutir un viejo secreto de familia? Después de su reacción inicial, ambos se mostraron cooperativos y deseosos de apoyarme en mi proyecto.

Principios

Enmedio de un ruidoso y ocupado taller de reparaciones automotrices, el "Taller Fermán," me involucré en una animada y productiva conversación con los hermanos Fermán. A medida que avanzaba el día, varios miembros jóvenes de la familia—hijos, hijas, sobrinos y sobrinas—se nos unieron en la oficina del taller. Todos deseaban escuchar lo que don Jesús y don José Fermán tenían que decir sobre el parentesco existente entre su familia y el general Francisco Villa, el famoso revolucionario de San Juan del Río, Durango.

Jesús Fermán Aguilera y
José Fermán Aguilera
Torreón, Coahuila, 1o. de febrero, 1997

Jesús y José Fermán Aguilera son hijos de Luis Fermán Quiñones e Inés Aguilera. Sus abuelos fueron don Miguel Fermán Gracia y doña Rafaela Quiñones, que vivieron en San Juan del Río. Por vía materna, sus bisabuelos fueron don Petronilo Quiñones y doña Manuela López, ambos nacidos en San Juan del Río. Y por vía paterna, sus bisabuelos fueron don Luis Fermán Gurrola y doña Rosario Gracia, dueños de la Ciénega de Basoco, una hacienda de Durango cercana a San Juan del Río.

Jesús Fermán recuerda haber escuchado, de niño, comentarios sobre la relación existente entre su familia y Pancho Villa. Escuchó decir que Villa era hijo de un Fermán, hijo de su bisabuelo, don Luis Fermán, a quien él no conoció. Recuerda muy bien el tono bajo, secreto, con el que su familia discutía este asunto. Piensa, sin embargo, que su familia no veía esta relación como insultante, sino mas bien que no se tenía una evidencia concreta que la sostuviera. Sobre lo que

Jesús escuchó decir a su abuela Rafaela sobre este asunto con Villa, expresa:

Mi abuela Rafaelita, esposa de mi abuelo don Miguel, era quien siempre hablaba de esta relación. Yo era muy joven, pero la recuerdo muy bien porque la escuché decir esto varias veces. Mi abuela también decía que Pancho Villa siempre llamaba a su esposo "mi pariente." Así que Villa era medio hermano de don Miguel Fermán, mi abuelo.

Don Jesús piensa que Villa era hijo de don Luis, no de don Miguel, porque este nació en 1870 y era sólo ocho años mayor que su medio hermano. Por esta razón, cree que Pancho Villa era hijo ilegítimo de su bisabuelo don Luis Fermán:

En mi familia siempre supimos que la razón por la cual la familia Fermán permaneció en Torreón, fue porque el General Villa le dijo a mi abuelo que aquí se quedara, que permaneciera en Torreón porque aquí podía ayudarlo.

Mire usted, la familia abandonó San Juan del Río huyendo de la revolución y después de vivir algún tiempo en Durango, se vino a vivir a Torreón. Entonces Pancho Villa le dijo a mi abuelo: «No se mueva de aquí, don Miguel, aquí yo puedo ayudarlo y protegerlo; quiero estar seguro de que nada le pase, ni a usted ni a su familia». Como ya le dije a usted antes, Villa siempre se refería a mi abuelo como "su pariente". Como don Miguel era su medio hermano, Villa lo quiso ayudar.

Aunque Jesús Fermán nunca conoció a ninguno de los participantes en la revolución mexicana, ve la relación de parentesco existente entre don Luis Fermán, su bisabuelo, y Francisco Villa, bajo un aspecto positivo:

Yo veo este parentesco como algo positivo. Es algo que yo no puedo negar—algo que aunque guardado como un secreto, siempre supimos en nuestra familia. Yo no veo ninguna razón por la cual no pueda ser conocido este hecho; no veo ningún problema. Pienso que Pancho Villa y don Miguel, mi abuelo, eran parientes no solamente por lo que escuché durante las pláticas entre mi abuela y otros miembros de la familia, sino también por el gran parecido que hay entre ellos.

He visto las fotografías de Villa que trajo usted de Chihuahua, que yo no conocía, y las he comparado con fotografías de mi abuelo. Se parecen mucho, no tengo la menor duda. Sí, ellos estaban emparentados, eran medios hermanos.[1]

Cuando terminé mi entrevista con Jesús, don José Fermán, el mayor de los dos, había traído de su casa, situada junto al taller, el álbum fotográfico de la familia. Me aseguró que el apellido materno de don Luis, su bisabuelo, era Gurrola:

Tengo varios documentos de la familia, y en todos ellos aparece su nombre completo: Luis Fermán Gurrola. Yo no estoy enterado cuál era el nombre de su madre, pero su apellido era Gurrola.

De la misma manera que su hermano Jesús, José recuerda haber escuchado decir que el General Francisco Villa estaba emparentado con un Fermán:

Desde que yo pude caminar, escuché en mi familia conversaciones sobre que Pancho Villa era hijo—hijo ilegítimo—de un Fermán. Mis hermanos y yo estábamos chicos y esta historia nos llamaba mucho la atención. Sin embargo, nunca la comentábamos con nadie, ni siquiera con nuestros amigos más cercanos. No queríamos que pensaran que estábamos presumiendo o que estábamos locos. Usted sabe...yo conozco a varias personas que proclaman a voz en cuello que son familiares de Pancho Villa. Conozco a algunos que dicen ser sus hijos y hasta se dejan crecer grandes mostachos para parecerse a él. Nosotros no, no íbamos a caer nosotros en una tontería así.

Yo nunca le puse mucha atención a esa historia, porque nunca estuve seguro de cuál de los Fermán era hijo Pancho Villa. Mi abuelo Miguel era un hombre que vivió una vida muy estricta, sin mancha, muy religiosa. No había manera que él hubiera abusado de una sirvienta.

José Fermán afirma que la madre de Doroteo Arango, o Francisco Villa, había sido sirvienta en la casa de su bisabuelo. No sólo su estilo de vida, muy religiosa, lo detenía para tener un affaire con una sirvienta, sino el hecho de que él era sólo unos años mayor que Villa. «Pancho Villa no pudo haber sido hijo de don Miguel», asegura José.

Le pregunté si había leído algunas publicaciones en el sentido de que Villa estaba emparentado con un hacendado de Durango apellidado Germán. Le dije también que varios escritores y periodistas, Salvador Borrego, Rodrigo Alonso Cortés, Alfredo de Palacio y el Dr. Ramón Puente, habían publicado la misma cosa: que Doroteo no era hijo de Agustín Arango, sino hijo de un rico hacendado de apellido Germán.

José se sorprendió. «¿Cómo fue que se enteraron de eso? ¿Quién les dijo que el apellido era Germán en vez de Fermán»? A pesar de estas publicaciones, José afirma que él conocía esta noticia desde que era un niño:

Mi abuela Rafaela, mi padre y todos nosotros hablamos mucho sobre este asunto con María de Jesús Quiñones, que vive en Cuautitlán-Izcalli. Ella conoce la historia de la familia muy bien. María es hija de Juan Quiñones, hermano de Rafaela, así que es sobrina de mi abuela. Y sabe todo lo que pasó en mi familia.

Ella es una de las personas que nos contaba todas las noticias y chismes de San Juan del Río. Y una de las noticias más importantes, creo que la más importante de todas, es que Pancho Villa era un "volado" de don Luis Fermán, mi bisabuelo.

Yo, que nací en 1937, mucho tiempo después de que todo esto pasó, no puedo comprobar el parentesco. Pero yo sé esto desde que era muy joven y no tengo la menor duda de que es cierto. Aunque en voz baja, esto es lo que escuchamos de nuestros padres desde que éramos niños.

José Fermán me sugirió entonces que fuera a Cuautitlán-Izcalli y hablara con doña María de Jesús Quiñones. Además de nueva información, José me proporcionó una lista de personas pertenecientes a las familias Fermán y Quiñones, muchas de las cuáles viven en Torreón. Y añadió: «Son personas que probablemente saben algo sobre este asunto». Su ayuda puso en movimiento todo el proyecto de investigación.[2]

Después de terminar mis entrevistas en el "Taller Fermán," José arregló una cita con la Srita. Manuela Quiñones. Como uno de sus sobrinos estaba de visita, aproveché la oportunidad para entrevistarlos a ambos.

La Srita Quiñones, que nació en 1911 en la Ciénega de Basoco, la hacienda de los Fermán cercana a San Juan del Río, Durango, me dijo, antes que nada, que Pancho Villa era un hombre muy malo y que ella lo detestaba. Durante nuestra conversación, el origen de su resentimiento en contra del jefe revolucionario fue evidente. Sin embargo, fue muy clara sobre la relación entre la familia Fermán y Pancho Villa, relación que ella conoció desde niña.

Jesús Quiñones, su sobrino, era nieto de un hombre de Durango que peleó al lado de Pancho Villa en la guerra. Él, a diferencia de su tía, no compartía el resentimiento en contra de Villa.

Manuela Quiñones Santillano y
Jesús Quiñones Quiñones
Torreón, Coahuila, 1o. de febrero, 1997
(En diciembre de 1998, la Srita Quiñones
falleció en la ciudad de Torreón.)

Manuela Quiñones es hija de Juan Quiñones y Juana Santillano. Su padre y doña Rafaela Quiñones eran hermanos. Doña Manuela nació en la Ciénega de Basoco, la hacienda que pertenecía a la familia Fermán. Ella recuerda muy bien haber escuchado a su padre o a su madre, a uno de los dos, decir que Villa era hijo de un Fermán, pero nunca supo hijo de cuál de ellos. Este asunto nunca le importó, pero está segura que, de niña, lo escuchó en su casa. Sin embargo, muchas de sus declaraciones son contrarias a Villa:

Cuando Doroteo era un muchacho de unos doce años de edad, era muy vago. Los sábados se salía de la Ciénega de Basoco, donde trabajaba, y se iba a Río Grande. Lo único que separa a estos dos lugares es una loma larga. El sabía que ya les habían pagado a los trabajadores y se iba a ganarles su dinero jugándoles a la tapadita. Se toman unas monedas en las manos, se avientan al aire y se ganan todas las monedas que caigan águila o sol, dependiendo de lo que haya sido acordado.

También jugaba a la baraja, que le gustaba mucho, y apostaba su salario contra cualquier cosa de los peones. Yo supe que les ganaba sus sarapes, sus sombreros y sus huaraches, y que algunas veces los dejaba en los puros calzones. ¡Y eso que el condenado muchacho sólo tenía doce años!

Cuando Doroteo creció fue peor. Empezó a hacer puras cosas malas, muy malas. Una vez, cuando Miguel Fermán no estaba en la Ciénega de Basoco, llegó a caballo un villista armado, era un hombre alto con un sombrero grandote, grandote, buscándolo para matarlo.

Doña Manuela entonces me refirió otra historia sobre Villa. Este le había dado a guardar mucho dinero a una familia de apellido Meraz, que también vivía en Basoco. Desafortunadamente, la familia Meraz, pensando que Villa no regresaría nunca a San Juan del Río, gastó el dinero. Pero cuando años más tarde, Villa regresó, los Meraz huyeron despavoridos. Habiendo malgastado el dinero, tenían miedo de las consecuencias. Villa dio órdenes de que los aprehendieran y los acabaran—que de los Meraz no dejaran vivos ni los perros. Afortunadamente, los Meraz desaparecieron y no los agarraron.

Sin embargo, una de las Meraz, una muchacha llamada María, se casó con un muchacho de apellido Maturino. Ella, que no quería casarse con un pobre, accedió a casarse sólo después de que Maturino encontró varios botes llenos de monedas de oro enterradas en su terreno. Al oír sobre su casamiento, Villa, que no creyó esta historia, ordenó que los detuvieran. El pensó que Maturino se había casado con María por su dinero, dinero que le pertenecía a él. De acuerdo con doña Manuela, Villa ordenó fusilar a Maturino, y María, «aquella mujer desvergonzada, se largó con Pancho Villa y jamás volvió al pueblo».

En otra ocasión, Villa ordenó la muerte de Carlotita Bastida, una vecina de San Juan del Río, ya grande y muy religiosa. Ordenó su muerte sólo porque alguien le chismeó que ella, al verlo llegar al pueblo, había dicho: «Miren, aquí viene otra vez ese desolotado (loco, atarantado), ese bandido de Villa».

Yo no sé cuándo pasó esto, pero alguien me lo contó. Algunos hombres esperaron a que Carlotita saliera de la iglesia. La agarraron, se la llevaron y la mataron allí por la hacienda de Menores. Sólo porque alguien le chismeó algo que no era cierto.

El, Villa, dió la orden de matar a Carlotita Bastida. Era muy malo, malo, malo.

Jesús Quiñones tenía un punto de vista muy diferente sobre Villa. Su abuelo, Jesús Quiñones Medrano, anduvo con Villa en la revolución, y recuerda muy claramente haberle escuchado decir que Pancho Villa era hijo de un Fermán. Asegura su abuelo obtuvo esta historia por medio de la familia Quiñones:

Yo sé algunas cosas que mi abuelo me contó, y una de ellas es que Pancho Villa no era el hijo de Agustín Arango. Yo pienso que todos en la familia Quiñones sabían esto. También me dijo mi abuelo que cuando Doroteo tomó el nombre de Pancho Villa, él se refería a otro Villa, a un tal Francisco Villa, que era un bandido de Zacatecas.

Jesús sólo recientemente escuchó a sus primos Jesús y José Fermán, decir que Villa era hijo ilegítimo de don Luis Fermán, su bisabuelo. Y lo que Jesús recuerda mejor son algunas historias de la revolución que le contó su abuelo:

Mi abuelo era conocido con el apodo de "el tripas". Un día, el mismo día que Villa pasó revista a miles de soldados de caballería perfectamente formados, uniformados y armados en la Plaza de Armas de Lerdo, Durango, mi padre, que era un niño muy inquieto, entró a una barbería en Lerdo y preguntó si alguien había visto a su papá, Jesús Quiñones, a quien le decían "el tripas". Mi abuelo, que se estaba rasurando, volteó a verlo y casi se desmaya cuando lo va viendo todo asoleado, sucio y muerto de hambre. Mi padre, enmedio de todos los peligros de la guerra, buscando a su papá había viajado solito en un vagón, desde Madero, cerca de Durango, hasta Lerdo, que está pegado a Torreón.

En ese entonces, mi papá tenía sólo seis o siete años de edad, pero no se perdió ni empezó a llorar. Es que los Quiñones de Durango que anduvieron con Pancho Villa, eran entrones, valientes y decididos.

Por lo que respecta al parentesco entre la familia Fermán y Francisco Villa, Jesús Quiñones también sugirió que me dirigiera a Cuautitlán-Izcalli y hablara con doña María de Jesús Quiñones, quien sabía mucho más que él sobre este asunto.[3]

Viaje a Cuautitlán-Izcalli

Después de mi entrevista con Manuela Quiñones y su sobrino Jesús, regresé en compañía de José Fermán al taller de reparaciones. En el camino, decidí trasladarme esa misma noche a Cuautitlán-Izcalli, ansioso de entrevistar a la señora María de Jesús Quiñones. La noche había caído y pregunté a los señores Fermán en dónde podía conseguir un taxi para dirigirme a la estación de autobuses. Sin dudar un momento, un hijo de don Jesús, a quien había visto en las oficinas del taller esa mañana durante las entrevistas, se ofreció a llevarme en su automóvil.

Me despedí y partí con el joven Jesús, quien poco después de arrancar el automóvil me dijo: «Ahora resulta que yo sé más que mi papá y mi tío sobre este parentesco entre Villa y la familia Fermán». Y mientras que el vehículo rodaba suavemente rumbo a la estación de autobuses, el joven Fermán empezó a contarme lo que sabía de la historia.

Jesús Fermán Flores
Torreón, Coahuila, 1o. de febrero, 1997

Jesús Fermán Flores nació en Torreón en 1962, hijo de Jesús Fermán y Emma Flores. Cuando era un niño, escuchó a su familia hablar sobre su parentesco con Pancho Villa. Su curiosidad lo empujó a conversar con su abuelo Luis, con su tío Felipe y con su abuela Inés sobre este asunto:

Yo recuerdo muy bien todo lo que me contaron desde que era niño. En una ocasión, mi abuelo me dijo que cuando Villa venía a visitar a su medio hermano Miguel aquí en Torreón, le decía que quería ayudarlo.

Con mi tío Felipe hablé más veces que con mi abuelo, porque todavía trabajaba en el taller y mi abuelo ya no. Mi tío me decía que se le hacía muy extraño que de la casa de Villa enviaran a la casa de don Miguel Fermán sacos de frijol, harina, azúcar y otras cosas. De acuerdo con los rumores que corrían, esto sucedía porque don Miguel y Villa eran medios hermanos.

Mi abuela Inés me contó que cuando Villa capturaba Torreón, se entrevistaba con don Miguel. También me dijo que Villa le ofreció mil pesos en oro para que empezara un negocio, cualquiera, para sostener a su familia. Pero don Miguel era muy escrupuloso, un católico muy estricto y no aceptó ese dinero porque pensaba que era robado.

Jesús afirma que doña Rafaela, la esposa de Miguel Fermán, también se oponía a aceptar ese dinero porque temía por la seguridad de sus hijos. Por otra parte, le religiosidad de don Miguel le impidió aceptar ese obsequio:

Don Miguel era una persona muy estricta porque era muy apegado a la religión, muy católico. Mi abuela Inés decía que si don Miguel hubiera aceptado aquel dinero de Villa «otro gallo nos cantara».

Mientras viajábamos y hablábamos sobre Villa y su parentesco con la familia Fermán, quise saber cómo percibía Jesús a Villa. ¿Cuál era su posición respecto a él y a la revolución? Jesús Fermán no titubeó para expresarme su opinión:

Hay muchas personas que consideran a Villa como alguien de gran estatura. Yo empleé tiempo pensando en eso, y estoy seguro que es una persona que irradia mucha luz. . . .Yo pienso que Pancho Villa, mi pariente, ha progresado mucho espiritualmente *porque carga algo muy pesado. El es una figura importante. Yo lo veo a él y a Emiliano Zapata como figuras muy importantes, por algo hicieron lo que hicieron.*

Mi abuelo me contó que Villa dijo una vez: «Mire, don Miguel, todo lo que la revolución le quitó en San Juan del Río, se lo vamos a devolver». Mire usted, la revolución es la revolución, ella se va sobre todos los negocios. Los revolucionarios toman lo que necesitan de aquellos que tienen, toman lo que encuentran y matan al que capturan. Ellos pudieron haber matado a la familia Fermán, pero por alguna razón nunca les pasó nada.

Antes de llegar a la estación, le pregunté a Jesús cómo se sentía con este parentesco. Me contestó con orgullo: «Si Pancho Villa y yo somos parientes, como estoy seguro que somos, entonces somos parientes. Punto».[4]

Una vez frente a la estación de autobuses, di las gracias a Jesús, comí algo rápidamente y tomé un autobús hacia la ciudad de México. Esa noche, por el camino, mientras reflexionaba en todas las personas que había conocido y entrevistado ese día, pensé, por vez primera, que mi proyecto de investigación se movía en la dirección correcta.

Cuando llegué a la ciudad de México, llamé a la señora María de Jesús Quiñones, en Cuautitlán-Izcalli. Me encontré con la agradable sorpresa de que ya estaba esperando mi llamada. Don José Fermán la había llamado de Torreón quitando todos los obstáculos para mi entrevista. No sólo ya sabía la señora Quiñones quién era yo y que iba rumbo a su casa, sino que me esperaba para hablar conmigo.

Al día siguiente viajé a Cuautitlán-Izcalli, en donde dos damas, doña María de Jesús Quiñones y Emma Saucedo Quiñones, su hija, me dieron la bienvenida en su casa. Debido a que Emma deseaba estar presente, entrevisté a ambas al mismo tiempo. La hija de doña María de Jesús, sentía que ella tenía algo que decir.

María de Jesús Quiñones Alvarado y
Emma Saucedo Quiñones
Cuautitlán-Izcalli, Estado de México, 3 de febrero, 1997

María de Jesús Quiñones nació en San Juan del Río en 1923, el mismo año que Pancho Villa fue asesinado en Parral. Sus padres fueron Juan Quiñones y María Alvarado de Quiñones. Su padre y doña Rafaela Quiñones eran hermanos. Emma, su hija, nació en 1950. Sus abuelos paternos fueron Silvestre Saucedo y Luz Quiñones, también hermana de doña Rafaela.

La señora Quiñones conoció a doña Rafaela muy bien, y asegura que ésta hablaba de la Ciénega de Basoco frecuentemente. Después de casarse con don Miguel Fermán, doña Rafaela vivió allí varios años. Además de su vida en la Ciénega, la señora Rafaela hablaba con su sobrina sobre el parentesco existente entre don Luis Fermán, su suegro, y Pancho Villa:

Yo siempre oí decir a mi tía Rafaela que ellos estaban emparentados. También la escuché decir que en una ocasión, Villa le envió un mensaje a mi tío Miguel para que fuera a verlo a Chihuahua. Mi tía Rafaelita lo acompañó y cuando Villa los recibio, los saludó y les dijo: «Miren, yo sé que soy un Fermán».

La señora Quiñones Alvarado me aseguró que Villa sabía de quién era hijo. Como sabía que era un Fermán, quiso ayudar a don Miguel. Inclusive dijo que Villa le ofreció dinero a su hermano, mil pesos en oro, pero que don Miguel se rehusó a aceptar el dinero.

Cuando Emma me dijo que ella sabía que sus abuelos también habían viajado a Chihuahua para ver a Villa, me confundí. Sin embargo, me explicó la conexión:

Mire usted, mi madre y mi padre eran primos hermanos. El papá de mi mamá era Juan Quiñones, y la mamá de mi papá era Luz Quiñones. En otras palabras, mis abuelos eran hermanos de doña Rafaela. Ellos sabían toda la historia.

La Sra. Quiñones Alvarado confirmó la historia de su hija:

Haga usted de cuenta que doña Rafaela le dijo a su hermana: «Andale, Luz, ven con nosotros a Chihuahua para ver a Villa». Así que Luz y su esposo, don Silvestre Saucedo, fueron con ellos, con mis tíos Rafaela y Miguel. Ambos estuvieron presentes cuando hablaron con Pancho Villa y se dieron perfectamente cuenta que éste se identificó a sí mismo como un Fermán y les ofreció su ayuda. Pero como ya le dije a usted, Rafaelita no quiso aceptar su ofrecimiento. Ella tenía miedo de que Villa quisiera cobrarse el favor de alguna manera.

Pero no, Villa sabía que don Miguel Fermán era su medio hermano. Ellos pertenecían a la misma familia y Villa sólo quería ayudarlo.

Entonces Emma trajo un recorte del periódico *La Prensa*, de la ciudad de México. Me enseñó el artículo escrito por Gonzalo de Palacio asegurando que Villa era un Fermán. Sin embargo, señaló que el artículo decía *Germán* en vez de *Fermán* y dijo: «Yo creo que se equivocaron y pusieron una G en vez de una F».

Informé a la señora Quiñones y a Emma que los escritores Salvador Borrego, Ramón Puente, y Alonso Rodrigo Cortés escribieron que Villa era hijo de un hacendado de apellido Germán. Quizás los tres utilizaron la misma fuente de información o bien se copiaron entre ellos.

A pesar de la confusión, Emma está segura de que Villa era un Fermán:

Yo siempre escuché decir a mi abuelo Juan que Villa era un Fermán. Y no lo oí decir eso una vez, sino varias veces. Cuando vivíamos en Tlalnepantla, algunos tíos y amigos de mi abuelo nos visitaban. Se la pasaban hablando de la revolución y, por supuesto, siempre hablaban de Pancho Villa; les gustaba mucho hablar de él.

Es muy curioso que la familia Quiñones estuviera enterada que Doroteo Arango, alias Pancho Villa, era hijo de don Luis Fermán. ¿No era este un secreto guardado por la familia Fermán? La señora Quiñones Alvarado contestó: «Para las familias Fermán y Quiñones no era un secreto, pero fuera de ellas yo creo que sí lo era». La señora Quiñones creía que el secreto se limitaba a estas dos familias debido a que la madre de Villa, doña Micaela Arámbula, era sirvienta en la Ciénega de Basoco:

Ella era una sirvienta y como don Luis había enviudado, bueno . . . usted sabe como pasan estas cosas . . . Y de esa relación amorosa nació Pancho Villa.

Estoy segura que la señora Micaela era sirvienta en Basoco; allí fue en donde se enredó con don Luis. Mi tía Rafaelita dijo eso enfrente de mí; yo la escuché. Dijo que esa señora era sirvienta, que don Luis era viudo y que así era como este enredo amoroso había empezado.

En este momento, la conversación cambió de dirección. Para mi sorpresa, la señora Quiñones Alvarado y Emma me contaron algunas historias muy vívidas que habían escuchado de labios de miembros de su familia. Una de aquellas historia trataba de un asunto trágico. Cuando don Luis Fermán anunció su intención de casarse en San Juan del Río con Rosario Gracia, la noticia no le cayó bien, por alguna razón, al padre de Rosario. Así que, con el objeto de detener esta boda entre Rosario y don Luis, el padre de Rosario planeó matarla. De acuerdo con la señora Quiñones Alvarado, el señor Gracia «la prefería ver muerta antes que casada con don Luis».

Desafortunadamente, la puntería del señor Gracia no era buena. Mientras Rosario y su madre entraron a la iglesia, el señor Gracia esperó afuera a que salieran. Pero cuando disparó su pistola para matar a su hija, erró el tiro y mató a su esposa.

Otra historia de interés es la de doña Candelaria Fermán, hermana de don Luis. Aparentemente, doña Candelaria era una mujer totalmente excéntrica:

Doña Candelaria no estaba bien de la cabeza. Mi tía Rafaelita me decía que debido a que no la habían dejado casarse de joven, tenía ideas muy raritas.

Por ejemplo, tenía un aparato para tocar música, una Victrola de las antiguas. Con el objeto de que no pudiera ver lo que hacía, vendaba a su sirviente personal. Entonces doña Candelaria se ponía a bailar ella sola.

Mi tía también me dijo que por las noches, para dormir, doña Candelaria utilizaba en su cama no menos de veinte almohadas, algunas grandes, otras pequeñas. Había una para cada parte del cuerpo: una para la mano derecha, otra para la izquierda, dos más para los codos, y así para todo el resto de su cuerpo.

Era tan melindrosa que nunca tocaba dinero con sus manos porque tenía miedo. Se colocaba un pañuelo frente a la cara y siempre utilizaba guantes. Y tenía una noria que nadie tocaba, era exclusivamente para el agua que ella bebía. En una ocasión, algo olía mal, horrible. Cuando empezaron a investigar de donde procedía el olor, encontraron un burro muerto metido en su noria. Le aseguro a usted que el burro no se metió sólo. ¡Quién sabe cuánto tiempo doña Candelaria Fermán estuvo bebiendo agua de burro muerto!

Cuando nuestra conversación regresó al tema de Villa, la señora Quiñones me platicó algunas historias que había escuchado:

Un día, Rafaelita me dijo que Villa, es decir, Doroteo Arango, era un muchacho muy vago e inquieto, pero listo. Como le gustaba mucho jugar baraja, los sábados, cuando se les pagaba a los peones, él se iba a jugar con ellos. Decía mi tía que a veces les ganaba todo su dinero. Era tan bueno, que a veces les ganaba sus sombreros y sus sarapes. Mi tía, que lo conoció muy bien en la hacienda, decía que era un muchacho muy inteligente.

También supe que en Durango había un hacendado viejito, muy rico, pero no me puedo acordar quién era. Este hacendado tenía que esconderse porque le tenía mucho miedo, pánico, a Pancho Villa. Es que este hombre había maltratado a una de las hermanas de Villa que trabajaba de sirvienta en su hacienda. Allí la trataron muy mal, le daban sólo tortillas duras para comer y la trataban peor que un animal.

Un día, alguien le dijo al viejo aquel que huyera porque allí venía Villa. El viejo empezó a temblar de puro miedo y cuando Villa lo encontró, el hacendado tenía tanto miedo que se arrodilló, llorando y rogándole que le perdonara la vida. Pancho Villa le echó en cara todos los sufrimientos que había hecho pasar a su hermana. Me dijeron que Villa estaba tan enojado, que lo quería matar. Pero aunque no lo mató, le gritó muy disgustado: «¡Lárguese de aquí, infeliz, desgraciado, viejo hijo de tal por cuál...! ¡Lárguese, no quiero volverlo a ver porque lo mato!»

Santos Alvarado, hermano de mi mamá, también me platicó algunas cosas. El anduvo con Villa en la revolución un tiempo y lo conoció muy bien. Un día, algo malo sucedió entre los dos.

Mi tío Santos corrió mucho un caballo fino, de pura sangre, y lo detuvo abruptamente sin enfriarlo. Villa, muy disgustado, lo agarró y le puso una maltratada de las buenas y lo castigó haciendo que caminara con el caballo toda la noche. A mi tío le dio mucho miedo porque vio a Villa muy enojado y pensó que algo le iba a hacer. No le hizo nada, sólo puso a mi tío en su lugar. Sí, pero jamás olvidó el día que Pancho Villa lo puso como lazo de puerco.

Mi tío Santos también me platicó que Villa tenía un sexto sentido que le permitía saber lo que la gente estaba pensando. Un día que andaban por allí en campaña, le dió sueño en pleno campo y le ordenó a uno de sus hombres que lo cuidara mientras dormía un poco. Entonces, mientras lo cuidaba, aquel hombre empezó a pensar cuán fácil sería matar a Pancho Villa mientras estaba dormido. Por supuesto no hizo nada, nada más lo pensó. Pero cuando despertó, aquel soldado se llevó el susto de su vida cuando Villa se le quedó viendo y le preguntó: «¡Desgraciado, bueno para nada...!, ¿qué estabas pensando hace rato»?

De acuerdo con las historias de su madre, Emma había escuchado que Villa era algo así como un bandido que robaba a la gente, y luego corría a esconderse entre las montañas de la Sierra Madre. La razón por la cuál se había convertido en jefe de la banda, era su inteligencia.

Cuando concluí mi entrevista y daba las gracias a mis informantes por su tiempo y la ayuda que me habían proporcionado, Emma afirmó que aunque la familia Quiñones no estaba emparentada directamente con Pancho Villa, «debido al matrimonio de mi tía Rafaela con don Miguel Fermán, los Quiñones sí estamos emparentados con él».[5]

San Juan del Río, Durango

Terminadas mis entrevistas, abandoné Cuautitlán-Izcalli y regresé a la ciudad de Durango. Mientras hacía investigación en la Hemeroteca y Biblioteca del Estado de Durango, encontré una pequeña referencia sobre la Ciénega de Basoco. Solamente un mes y medio antes de que Francisco I. Madero tomara posesión de su cargo como presidente de México, la hacienda fue atacada por una partida armada desconocida. De acuerdo con esta nota, la hacienda fue completamente destruida pocos días antes del 20 de septiembre de 1911.

Después de examinar en la prensa de Durango las actividades rebeldes existentes en el estado aquellos días, los atacantes fueron, al parecer, anarquistas. Ellos fueron los responsables de numerosos asesinatos, asaltos, incendios y destrucción de propiedades y haciendas a lo largo de todo el estado de Durango.

Algunos meses más tarde, hice otro viaje a San Juan del Río, específicamente para hablar con la señora Francisca Quiñones. Su hija, Refugio Quiñones, a quien había conocido en un viaje anterior a San Juan del Río, me dijo que su madre tenía información importante, de primera mano, sobre la investigación que realizaba.

Fuí a buscar a la señora Quiñones a su residencia. Cuando llegué, fui conducido a un porche grande adornado con hermosos helechos y macetas con flores exóticas. El porche también tenía varias jaulas y el canto de los canarios inundaba el aire. A la derecha pude ver tres arcos que conducían a un pequeño jardín con una fuente colonial de piedra. Mientras nos sentábamos en aquel magnífico porche, el plácido murmullo del agua y los cantos de los pájaros nos enviaron hacia atrás en el tiempo, cuando Pancho Villa dejó su profunda huella en México.

Francisca Quiñones Orozco
San Juan del Río, Durango, 4 de junio, 1997
y 25 de febrero, 1998

Francisca Quiñones Orozco, hija de Silvestre Quiñones y Concepción Orozco, nació en 1916 en San Juan del Río. Don Petronilo Quiñones, de origen español, y María López fueron sus abuelos por la vía paterna. Su padre tuvo varios hermanos y hermanas: Jesús, Juan, Alcadio, Rafaela, Manuela, Luz, y María de Jesús, todos ellos Quiñones.

La historia comienza con Concepción Orozco, madre de doña Francisca. A principios de los años 1890 y desde que tenía doce años de edad, doña Concepción trabajó varios años como sirvienta en la casa de la familia Fermán. Doña Rafaela estaba ya casada con don Miguel Fermán cuando Silvestre le propuso matrimonio a Concepción. De un día para otro, ascendió de sirvienta a cuñada de doña Rafaela.

Doña Francisca recuerda muy bien a su tía Rafaela y a su tío don Miguel Fermán. Miguel, me aseguró, era un hombre rico. Era dueño de la Ciénega de Basoco, tenía ganado, un molino de harina y un molino de nixtamal con su propia planta de energía eléctrica, la primera que hubo en San Juan del Río. Su tía Rafaela era una mujer muy especial:

Mi tía Rafaela era una mujer especial: chaparrita, un poco gordita, bien educada, inteligente y muy vivaz. Era una de esas mujeres encantadoras que no paran todo el día. Tenía su pelo blanco, blanco con un chongo bien arreglado atrás de su cabeza. Siempre usaba vestidos largos y blusas de manga larga hasta la muñeca. Yo la recuerdo como una mujer de clase. Sus vestidos eran muy elegantes y vestía unas blusas muy bonitas, con pliegues y adornadas con encaje.

Le pregunté a doña Francisca sobre otros miembros de la familia Fermán. Ella conocía poco de todos ellos, sin embargo, estaba enterada de la tragedia en la familia de Rosario Gracia:

Yo sólo sé que el padre de Miguel se llamaba Luis Fermán y que su madre se llamaba Rosario Gracia. Con toda seguridad hubo allí un problema grave, una desgracia en la familia con su matrimonio. Por alguna razón que desconozco, el padre de Rosarito se oponía a su matrimonio. Pero a pesar de todo, don Luis y Rosarito siguieron con sus planes. Pero un día, el padre de Rosario le disparó con una pistola a su hija intentando matarla. La mamá de Rosario se interpuso entre ellos y el señor Gracia terminó matando a su esposa.

Mi mamá me contó todo esto. Ya le dije que ella trabajaba como sirvienta en casa de don Miguel y allí se enteró de esta tragedia.

Doña Rafaela también le habló a su sobrina de historias familiares, en particular, historias sobre doña Candelaria Fermán, la hermana de don Luis. De acuerdo con su historia, a doña Candelaria, de joven, no le habían permitido casarse. Como resultado, empezó a hacer cosas extrañas. Por ejemplo, cuando compraba una tela fina para hacerse un vestido, compraba todo el rollo para que nadie pudiera hacerse un vestido igual.

Cuando alguien necesitaba hablar o hacer algún negocio con ella, se tapaba la boca con un pañuelo y no permitía a nadie entrar a su casa. Y cuando manejaba dinero, siempre utilizaba guantes. «Doña Candelarita no estaba bien de la cabeza», añade doña Francisca.

A medida que avanzaba nuestra conversación, finalmente pregunté a doña Francisca si ella había escuchado algo sobre el parentesco entre Pancho Villa y la familia Fermán. Sí, doña Francisca había escuchado algo, y lo que sabía le había llegado a través de su padre Silvestre, de su madre Concepción y de su tía Rafaela:

Sobre este asunto no existen documentos, pero yo creo que el parentesco entre Pancho Villa y la familia Fermán debe ser ya conocido por todos. Mi tía Rafaela me dijo que la mamá de Villa había trabajado de sirvienta en la Ciénega de Basoco. Y como usted sabe, durante esa época los hacendados hacían todo lo que querían en sus propiedades, incluido abusar de las esposas y las hijas de sus peones. Así que don Luis se aprovechó de doña Micaela, la madre de Villa, y así es como vino a nacer Francisco Villa. Bueno, entonces ese no era su nombre, sino Doroteo Arango.

Además de enterarse sobre este parentesco, doña Francisca también escuchó la manera como Villa actuaba con los miembros de su familia, incluidos los Quiñones:

Aunque mi papá Silvestre no participó en la revolución, cuando ésta empezó, él tuvo que esconderse de Pancho Villa. Un chisme llevó a Villa a creer que mi padre era enemigo de la revolución. Así que mi papá le tenía miedo y se le escondía, no le daba la cara.

En aquel entonces no había autobuses, camionetas o carros como hay ahora. Y mi padre tenía varios carros de mulas que utilizaba para negociar. Traía mercancía de Ciudad Madero, donde se detiene el tren, hasta San Juan del Río. Así se ganaba la vida durante la guerra.

Mi mamá, Concepción, fue la que arregló las cosas entre Pancho Villa y mi papá. Mi madre no tenía miedo; ella era una de esas mujeres muy bragadas que llevan los pantalones en la casa. Así que un día que llegó Villa a San Juan del Río con sus tropas, ella fue a su cuartel para hablar con él.

Pero antes de ir, preparó unos deliciosos tamales con queso, unos chicharrones de puerco en chile verde, y una carne adobada que le hacían a usted chuparse los dedos. Luego tomó tortillas recién salidas del comal, puso todo en una canasta y se fue a buscarlo.

Cuando llegó a la casa que le servía a Villa de cuartel, se topó con dos guardias bien armados y muy panteras, listos a detener a cualquier intruso. Los guardias la miraron cuidadosamente y le pidieron que se identificara. Mi madre no se dejó intimidar y les contestó muy calmada: «Me llamo Concepción Orozco y soy cuñada de doña Rafaela Quiñones, esposa de don Miguel Fermán, hermano del General Villa».

Los guardias, no sabiendo qué hacer, se quedaron viendo uno al otro. Cuando mi madre los vio titubear, añadió con voz gruesa, de mando: «Yo, Concepción Orozco, soy cuñada del General Villa». Claro que eso no era verdad. Doña Rafaela, mi tía, era la cuñada de Villa. Pero eso le dijo a los guardias para apantallarlos. Le digo a usted que mi madre era muy lista.

Doña Francisca asegura que los guardias permitieron entrar a su madre. Y que poco más tarde, el General Villa la recibió. Después de entregarle la canasta con la deliciosa comida que le había preparado, su madre le habló sobre el motivo de su visita: arreglar el malentendido sobre su esposo Silvestre. Villa la escuchó y le aseguró a doña Concepción que él jamás le haría daño a su esposo porque todos ellos eran una sola familia. De acuerdo con doña Francisca, Villa, sin dudar, dijo a su madre que él y don Miguel Fermán eran hermanos y que doña Rafaela Quiñones era su cuñada. Villa llamó entonces a don Silvestre y le dijo lo mismo: que los Fermanes y los Quiñones eran la misma familia.

Una vez arreglado el malentendido, don Silvestre ayudó a Villa trayéndole pantalones, chamarras y cualquier otra cosa que necesitara Villa para sus tropas. También le llevó municiones que escondía en los costales de sal. En algunas ocasiones, doña Concepción tenía que viajar sola de Madero a San Juan del Río. Durante esos viajes, encontraba con frecuencia guardias armados que la detenían para investigarla. Sin temor, ella les decía con autoridad: «A mí, ustedes no me pueden detener ni esculcarme, porque soy esposa de don

Silvestre Quiñones, cuñado del General Villa». Aunque esto no era verdad, los guardias la dejaban pasar.

De la misma manera que otros informantes, doña Francisca me aseguró que Villa trató de ayudar a don Miguel Fermán y a su padre don Silvestre. Sin embargo, pensando que era mejor vivir manteniendo la relación libre de deudas, ambos rehusaron.

Doña Francisca terminó la entrevista expresándome su manera de pensar sobre Villa:

Yo nací en 1916, a media revolución. Todo lo que sé de ella, lo aprendí aquí en San Juan del Río, de mi familia y de muchas otras personas. Siempre escuchaba cosas terribles sobre Pancho Villa: que era un bandido, un criminal, un asesino y otras cosas.

Pero ahora escucho que lo elogian mucho por todas las cosas importantes que hizo en su vida. Mi madre me decía que no era tan malo como decían que era. Que los malos eran los que, porque les diera algo, le llevaban chismes. Entonces era muy peligroso.

Yo tenía un libro con corridos sobre Pancho Villa, y uno que me gusta mucho decía:

> *¡Ya no te acuerdas valiente, que atacastes a Torreón!*
> *Durango, Durango, tierra que yo amo, yo soy de Durango, palabra de honor.*
> *Allá en Tierra Blanca, cerquita de Analco, vivió Pancho Villa, caudillo inmortal,*
> *Allí donde las mujeres todas son lindas y son sus hombres puro corazón!*

Después de lo que he dicho, la única cosa que puedo agregar es: ¡Viva Villa![6]

Pasé algunos días en el archivo parroquial de San Juan del Río antes de regresar a Chihuahua. Fui a despedirme de doña

Francisca Quiñones, y mientras esperaba en el porche, Silvestre, su hijo mayor, me expresó su interés por la entrevista que le había hecho a su madre. Una vez que empezamos a conversar, me di cuenta que él también tenía algo que agregar a la investigación.

Silvestre Quiñones Quiñones
San Juan del Río, Durango, 6 de junio, 1997

Silvestre Quiñones nació en 1936 en San Juan del Río y es hijo natural de Francisca Quiñones. Su abuelo, Silvestre Quiñones, que lo crió, era hermano de Rafaela y cuñado de don Miguel Fermán. De niño, Silvestre escuchaba las conversaciones y las historias entre su abuelo y José Galaviz, exgeneral villista de Durango, sobre la revolución y sobre Villa:

Mi abuelo siempre decía que Pancho Villa era hijo de don Luis Fermán, el dueño de la Ciénega de Basoco. Mi abuelo supo esto por su hermana Rafaela. Y como era muy amigo de don Luis Fermán, también lo supo por éste. Yo me enteré del asunto por lo que mi abuelo me contó.

Mi abuelo también supo que Villa y don Miguel se reconocían mutuamente como hermanos. Y decía que cuando Pancho Villa nació, Agustín Arango y Micaela Arámbula ya estaban casados y que por eso le pusieron el apellido Arango. Poco antes de morir, doña Micaela, la madre de Villa, le dijo a este quién era su verdadero padre. También me dijo que cuando don Miguel vivía en Torreón, Villa y él se veían con frecuencia.

Don Silvestre me explicó que la familia Fermán abandonó San Juan del Río cuando los negocios de don Miguel fracasaron. Este se había fracturado accidentalmente una pierna en el molino. Para curarse, cosa que le llevó largo tiempo porque fue una fractura grave, gastó mucho dinero y pidió prestado. Cuando no pudo pagar, tuvo que vender la

Ciénega de Basoco y saldar su cuenta. Entonces se fue a vivir a Torreón:

Cuando Villa se enteró que don Miguel Fermán, su hermano, vivía en Torreón, con el objeto de ayudarlo mandó llamarlo. Y cuando don Miguel le informó que había vendido la Ciénega de Basoco, Villa le dijo: «Yo voy a comprar Basoco para que usted pueda regresar a San Juan del Río a trabajar su tierra». Pero don Miguel no quería regresar, él quería quedarse y vivir en Torreón. Entonces Villa dijo que si don Miguel no regresaba a San Juan del Río, mi abuelo Silvestre se haría cargo de Basoco.

Sin embargo eso nunca sucedió. Lo único que sobrevive de una espléndida residencia en la Ciénega de Basoco, es un cascarón en ruinas. Los jardines y la capilla están totalmente deteriorados.

Mientras recordaba la historia que le contó su abuelo, Silvestre no pudo dejar de expresar sus puntos de vista sobre Villa:

Hay muchos escritores que nunca cuentan la historia como es. Hay un libro que dice que cuando Villa se escapó de la cárcel de aquí de San Juan del Río, mató quién sabe cuántos cristianos. Y que durante su escape, desde una roca brincó a un potro bruto y se largó. Nada de eso es cierto, son puras mentiras.

Sí, cuando se escapó de la cárcel, Doroteo se fue a caballo, pero alguien que ya lo tenía listo en la Ciénega de Basoco, se lo llevó a la cárcel. Uno de sus compañeros de cárcel, al que le decían El Coyala, se escapó con él en una mula que consiguió. Esa es la verdad y que yo sepa, ellos no mataron a nadie. Yo no sé por qué los que escriben historia cuentan tantas mentiras.

El último comentario que don Silvestre hizo sobre Villa es la historia que le escuchó a doña Concepción, su abuela. Aparentemente, un día la policía montada llegó a buscarlo a su casa en Ojos Azules. Doroteo, con la cara negra por el humo de la estufa, estaba adentro de la casa con su madre, enrollando un cigarro. Doña Micaela salió a hablar con el jefe de la policía, asegurándole no saber en dónde se encontraba su hijo:

En ese momento, Doroteo, con el cigarro en la boca, salió tranquilamente de la casa y dijo saludando al jefe de la policía: «Buenos días, señor, ¿me puede dar lumbre por favor»? El jefe le encendió el cigarro, Doroteo le dio las gracias y se retiró calmadamente, como si nada hubiera pasado. Más tarde, cuando el jefe de la montada preguntó a unos vecinos si no habían visto a Arango, le contestaron riéndose: «¿Pues a quién cree usted que saludó y hasta le encendió el cigarro»? Pero, para entonces, Doroteo ya se había escapado.[7]

Poco después de entrevistar a Silvestre Quiñones, su hermana, María del Refugio, apareció en escena. Algunos minutos de conversación con ella me convencieron que ella podía ser, también, una buena fuente de información. Al principio, se resistía a ser entrevistada, argumentando casi no saber nada de la historia. Finalmente, accedió y rodeados de plantas, flores y aves, nos sentamos en el mismo porche donde entrevisté a su madre.

María del Refugio Quiñones
San Juan del Río, Durango, 6 de junio, 1997

María del Refugio Quiñones, hija natural de Francisca Quiñones, nació en 1950 en San Juan del Río. Su abuelo Silvestre y doña Rafaela Quiñones, su tía, murieron cuando María era una niña, así que no los conoció bien. Sin embargo, se enteró del parentesco entre Pancho Villa y la familia Fermán, por medio de su madre y de su abuela Concepción:

Villa era hijo de un Fermán. También me enteré que la mamá de Villa estaba casada con un señor llamado Agustín Arango, sin embargo, de hecho, Villa no era hijo de ese hombre. Desde que yo era niña, escuché decir que el papá de don Miguel Fermán era el papá de Villa.

Mi abuela Concepción sabía muy bien la historia, porque era cuñada de doña Rafaela Fermán. Yo recuerdo muy bien el día que mi abuela dijo: «Yo no sé de dónde sacan que el apellido de Villa era Arango, porque él no era hijo de ese hombre. El era hijo de don Luis Fermán». Mi abuela estaba sentada en ese sofá . . . era un 5 de junio, aniversario del nacimiento de Villa, y agregó: «Tampoco sé por qué dicen que su nombre era Doroteo Arango, él debería ser Doroteo Arámbula porque era hijo ilegítimo de don Luis Fermán». Sí, estoy segura que mi abuela utilizó esa palabra, "ilegítimo", yo la escuché decirla. Y me impresionó tanto, que jamás la olvidé.

Mientras discutíamos la vida y los antecedentes de Villa, María hizo una observación interesante. Piensa que Villa se volvió rebelde porque fue rechazado por don Luis Fermán, su verdadero padre. Si don Luis lo hubiera reconocido, y si Villa hubiera tenido acceso a la educación y a la cultura, hubiera llevado una vida más protegida. De acuerdo con María, sólo heredó pobreza, abandono y mala suerte.[8]

De regreso en Torreón

A finales de octubre, decidí viajar a Torreón para hablar con Socorro Camacho Fermán y Guadalupe Camacho de Téllez. Por lo que respecta a la última, no tenía muchas esperanzas sobre su colaboración, debido a que había sido advertido por un miembro de la familia que jamás accedería a hablar conmigo sobre el parentesco entre la familia Fermán y Pancho Villa.

Cuando llegué a Torreón, me dirigí al "Taller Fermán," al que había convertido en mi centro de operaciones en esa ciudad. Mi cita con la señora Socorro Camacho quedó arreglada para esa misma tarde. Pocos minutos después, supe que la señora Téllez estaba al teléfono con don José Fermán, discutiendo algún asunto familiar. Sin pensarlo, solicité hablar con ella. Mi sorpresa fue grande cuando la señora me informó que ella había estado tratando de hacer contacto conmigo para formalizar una entrevista. «Por favor no se vaya usted de Torreón sin hablar conmigo», me dijo por teléfono.

Al llegar a la residencia de la señora Téllez hacia mediodía, me enteré que tenía dos candidatos más en Torreón. La señora María Pedroza de Estrada y Luz Aranda Fermán. Mi entrevista con la señora Estrada sería esa misma tarde después de comer. Fui conducido al comedor, en donde la comida estaba siendo servida.

Después de comer, la señora Téllez y yo fuimos a la residencia de la señora Estrada, localizada en uno de los barrios residenciales más exclusivos de Torreón. La señora Estrada nos esperaba y nos condujo a una elegante salita donde tuvo lugar la entrevista.

María Pedroza de Estrada
Torreón, Coahuila, 1o. de noviembre, 1997

María Pedroza de Estrada, hija de Catalina Marín y Juan Pedroza, nació en Torreón, Coahuila. Sus abuelos maternos fueron María de Jesús Quiñones y Pedro Marín. Su abuela María y doña Rafaela Quiñones, eran hermanas.

Cuando María tenía tres años de edad, su madre se puso gravemente enferma y fue enviada a vivir con su tía Manuela a la ciudad de Durango. Manuela tenía una hija, María Chávez Quiñones, que se convirtió en madrina de bautizo de

María. Como María Chávez se interesó siempre por la historia familiar, ella y doña Manuela hablaban con frecuencia sobre los orígenes de Pancho Villa:

María Chávez y mi tía Manuela hablaban sobre las abuelas de la familia y decían que eran muy aventadas. Manuela dijo que mi abuela María de Jesús vivía todavía durante la revolución en Torreón cuando Pancho Villa capturó una vez la ciudad. Villa envió unos soldados a su casa, para que ella les diera de comer. Mi abuela le dijo al oficial a cargo: «Sí, señor, yo les puedo dar algo de comer, pero no tengo nada que ofrecerles, soy viuda y no tengo dinero». El oficial le contestó que eso no era problema.

Al día siguiente, Villa le envió varios costales de frijol, harina, maíz y otras provisiones que ella necesitaba. Los soldados de Villa eran gente sencilla del pueblo; eran rancheros en la vida civil y nunca la trataron mal. No fueron irrespetuosos y jamás dijeron malas palabras enfrente de ella. Ellos siempre se comportaron muy bien. Mi abuela nunca careció de nada, y durante algún tiempo estuvo dándoles de comer a aquellos soldados.

La señora Estrada refirió que un día su abuela pidió hablar con Villa. Cuando don Pedro murió, no dejó sus papeles en orden y había dificultades con la propiedad de su casa. Su abuela esperaba que Villa pudiera ayudarle de alguna manera. Y la ayudó, no perdió su casa. La señora Estrada cree que la única razón por la cuál Villa ayudó a su abuela fué el parentesco familiar: su abuela era hermana de Rafaela Quiñones, esposa de don Miguel Fermán.

La señora Estrada también me informó que cuando Villa llegaba a Torreón, mandaba llamar a don Miguel. «Villa deseaba convivir con don Miguel y hablar con él debido a que eran hermanos, bueno, medios hermanos». Durante una de sus visitas, Villa propuso que don Miguel pusiera varias tortillerías en Torreón. Villa le surtiría de maíz así como de otros materiales. Pero don Miguel no quiso entrar en esa aventura. Y agrega la señora Estrada: «El jamás aceptó su ayuda».

Aunque la señora Estrada se enteró desde su niñez del parentesco entre Villa y los Fermán, cree que el asunto se mantuvo secreto para evitar vergüenza a la familia. Doroteo era hijo ilegítimo de un hacendado y una sirvienta y se unió a una banda de cuatreros. Nada de esto era para hacer sentir orgullo a la familia:

> *Yo escuché decir que Pancho Villa y don Miguel eran medios hermanos. Aunque yo estaba niña, lo recuerdo muy bien. En mi familia, los adultos estaban temerosos de que nosotros, los niños, supiéramos la verdad, porque nunca hablaban abiertamente de ella. Tenían miedo o vergüenza, no sé cuál de las dos.*
>
> *Pancho Villa y don Miguel eran hijos de don Luis Fermán. Todos decían que eran medios hermanos. Y yo siempre oí que se parecían mucho. Así que ahora que he visto las fotografías que usted trajo de Chihuahua y las comparé con las que tengo de mi tío Miguel aquí en Torreón, su parecido es innegable.*[9]

Después de la entrevista con la señora Estrada, me dirigí a la casa de la señora María del Socorro Camacho Fermán. La señora, tímida e introvertida, esperaba mi visita. Le expliqué que mi proyecto de investigación estaba dirigido a aclarar el parentesco existente entre la familia Fermán y Villa. Muy amablemente, la señora estuvo de acuerdo en ser entrevistada.

María de Socorro Camacho Fermán
Torreón, Coahuila, 1o. de noviembre, 1997

María de Socorro Camacho Fermán nació en Torreón y es hija de Guadalupe Fermán y Margarito Camacho. Sus abuelos maternos fueron Miguel Fermán y Rafaela Quiñones. Sus bisabuelos maternos, Luis Fermán y Rosario Gracia.

La señora recuerda muy bien a su madre, Guadalupe, decir que don Miguel y el general Villa eran hermanos, hijos de don Luis Fermán. Aunque no hay pruebas documentales, la señora Camacho asegura que este era un hecho bien conocido en su familia:

Sería muy dificultoso tener una prueba documental. Sin embargo, yo siempre lo he sabido. ¿Cómo voy ahora a negar algo que he sabido toda mi vida? Si yo le dijera a usted que no sé nada de eso, estaría mintiendo. Siempre crecí con la idea de que Villa era familiar nuestro.

La señora Camacho siente no poder contribuir con mucho a mi investigación. Pero asegura que ella y sus hermanos siempre oyeron, desde que eran niños, sobre ese parentesco. Y expresó sus ideas sobre este asunto:

Es verdad que somos parientes consanguíneos, y yo siento mucho orgullo del general Villa. Me duele mucho cuando escucho decir que era un bandido o un criminal, porque creo que los que dicen eso, olvidan lo que hizo por el pueblo de México.[10]

Una vez terminada mi breve entrevista con la señora Camacho Fermán, regresé a casa de su hermana a recoger mis pertenencias y encontrar un cuarto para pasar la noche. Mis planes eran utilizar el día siguiente para continuar mis entrevistas. Sin embargo, cuando llegué a la residencia de la familia Téllez, la señora me había preparado una recámara e insistió que pasara allí la noche. Ni el señor ni la señora Téllez aceptaron que me fuera a un hotel.

Esa noche, antes de dormir, reflexioné en que la investigación histórica y la buena suerte deben caminar tomados de la mano y transitan por caminos no imaginados. Esa mañana, cuando abandoné Chihuahua, ¿cómo iba a imaginar que pasaría la noche en la residencia de la señora Téllez, una mujer de quien me habían dicho que jamás hablaría conmigo sobre el parentesco entre Villa y la familia Fermán?

Al día siguiente, después de desayunar, me senté con la señora Téllez a escuchar la historia de Pancho Villa y sus lazos con la familia.

Guadalupe Camacho de Téllez
Torreón, Coahuila, 2 de noviembre, 1997

Guadalupe Camacho de Téllez, hija de Guadalupe Fermán y Margarito Camacho, nació en Torreón en 1941. Sus abuelos maternos fueron Miguel Fermán y Rafaela Quiñones. Como la señora Téllez fué la primera nieta de la hija menor, reclama haber sido la nieta favorita de su abuela. Y recuerda bien a su abuela Rafaela hablar del parentesco existente entre la familia Fermán y Villa:

Yo siempre escuché lo que mi abuela Rafaela decía sobre este asunto. Cuando éramos jóvenes, la escuchábamos decir que el general Villa estaba emparentado con nosotros—que era hermano de mi abuelo Miguelito. Era un secreto que sabía toda la familia, pero que nosotros no debíamos divulgar, ignoro por qué. En mi familia, todos nosotros, los nietos, estábamos enterados de esa relación.

Sin embargo, la señora Téllez no se acercó a su abuelo Miguel para hablar de este tema. Tanto ella como otros miembros de la familia lo respetaban mucho y, por lo tanto, jamás hablaron con él sobre esto. Ella supo que Villa quería ayudar a la familia Fermán, pero como don Miguel y doña Rafaela eran excesivamente orgullosos, rehusaron su ayuda.

Otra razón por la que no aceptaron su ayuda fue el temor de doña Rafaela:

Recuerdo que en una ocasión, doña Rafaela se enteró que algunos soldados de Villa iban a llegar a su tienda. Ella tenía mucho miedo que algo pudiera pasarles a su sobrina Catalina y a mis tías, Rosario y Luz. Ellas tenían entre dieciséis y diecisiete años de edad y eran muy hermosas. Pero como era muy astuta, mi abuela les pintó la cara y los brazos con ceniza para que nadie se diera cuenta de la blancura de su piel. Entonces les arregló el cabello con unos chongos y las hizo ponerse varias faldas, una encima de la otra, para que nadie pudiera darse cuenta de sus cuerpos esculturales.

Los soldados entraron y preguntaron a mi abuela que en dónde estaban las muchachas. Mi abuela les dijo que los habían informado mal. Ellos buscaron y sólo encontraron unas viejas embadurnadas de ceniza, prietas, gordas, con chongos y muy feas. Los soldados dieron media vuelta y se fueron.

Además de haber escuchado a su abuela hablar de Villa, la señora Téllez recuerda conversaciones entre su madre Guadalupe y sus tíos Juan, Luis y Felipe. Asegura que ellos hablaban con frecuencia sobre Villa y su parentesco con la familia Fermán. Entonces, la señora Téllez empezó a hablar con mucho cariño de su abuelo:

Mi abuelo Miguel era un hombre rico, inteligente y bien educado. Hablaba varios idiomas. No había sido entrenado para trabajar, sino para disfrutar de la vida, gozar con la buena literatura y la buena música.

Durante la revolución, se cambió a Torreón, donde tuvo que sostener a su familia. Se ganaba la vida como calígrafo porque tenía una letra bellísima.

Desde que yo era niña, supe que, aunque era muy católico, guardaba muy bien un secreto: que sus ancestros fueron judíos.

Aquí, sus pensamientos volvieron a Villa:

Aunque nunca estudié profundamente a Villa, siempre lo vi como un hombre inteligente y muy valiente, un ser mítico que nació antes de época, como otras grandes figuras de la historia. Recuerdo muy bien que mi abuelo Miguel decía: «El general Villa tenía grandes, grandes ideas». Nunca lo escuché decir nada negativo sobre él.

Pancho Villa no era sólo un líder de hombres y un organizador de ejércitos, sino que fue también gobernador del Estado de Chihuahua. Como tal, hizo lo que pudo para hacer cambios en la sociedad y ayudar a los pobres. Antes de hacer un juicio sobre él, nosotros, los mexicanos, deberíamos tener en cuenta esos esfuerzos.

Creo que su vida fué trágica, desde sus orígenes en la Ciénega de Basoco, en Durango, que usted está investigando con el objeto de hacer luz en su conexión con mi familia, hasta su asesinato en Parral. Su vida tiene muchas lecciones valiosas para el pueblo de México.[11]

Mi siguiente entrevista fue con la señora Luz Aranda Fermán, hija de Luz Fermán y Miguel Aranda. La señora no tuvo mucho contacto con sus abuelos Miguel Fermán y Rafaela Quiñones, por lo tanto, tenía poca información sobre el parentesco de Villa con su familia. Sin embargo, algo ayudó a mi investigación.

Luz Aranda Fermán
Torreón, Coahuila, 2 de noviembre, 1997

Luz Aranda Fermán, hija de Luz Fermán y Miguel Aranda, nació en 1917 en la ciudad de Torreón. Su madre era hija de don Miguel Fermán. La señora Aranda asegura que a su abuela Rafaela no le gustaba hablar sobre el parentesco de

Villa enfrente de sus nietos. Lo que la señora Aranda supo sobre esta relación, fue a través de sus padres:

¿Sabe usted que cuando mis padres llegaron a vivir a Torreón, sufrieron mucho por lo que habían perdido? Cuando Pancho Villa llegó a Torreón, le dió a mi abuelo Miguel la administración del "Mercado Villa". Eso fue a media revolución.

Mis abuelos vivieron por el túnel sobre el que pasaba el tren. Vivieron allí un tiempo porque estaban muy pobres.

Nuevamente, la señora Aranda declara que ella sólo había oído decir que Villa estaba emparentado con un Fermán, pero que no supo con cuál:

Fue hasta recientemente, por conversaciones que he tenido con mis primos José y Jesús Fermán, que me he enterado que Pancho Villa era hijo de don Luis, mi bisabuelo.[12]

Regreso a Durango

Dos meses pasaron antes de que pudiera regresar a Durango. Quería saber si pudiera encontrar mas información en los viejos periódicos de la ciudad de Durango. Esperaba encontrar algo sobre los hechos que habían salido a la luz durante el curso de mi investigación. En enero de 1998 localicé numerosos reportes en la Hemeroteca del Estado de Durango que relataban la situación en Durango durante 1911. Los reportes describían asaltos armados, violaciones, destrucción de haciendas y propiedades, y el robo de ganado y otros animales cometidos por grupos de zapatistas y de anarquistas.

En el Archivo Municipal de San Juan del Río, encontré dos contratos de compraventa. En uno de ellos, fechado en 1883, Manuel Solórzano, esposo de Merced Fermán, vendió a don Luis Fermán tierras agrícolas próximas a la Ciénega de Basoco. El otro contrato, firmado por Miguel Fermán en agosto de 1910, da detalles sobre la venta de una casa en San Juan del Río por 400 pesos.

También hablé con Esbardo Carreño, director de la Casa de la Cultura, que conoce bien la historia regional y que pudo aportar información sobre la niñez de Doroteo Arango. Me dijo que los hijos de los hacendados ricos que vivían en San Juan del Río gritaban a Doroteo toda clase de cosas cuando acompañaba al pueblo a Agustín Arango, su padre, a vender aguamiel. El joven Doroteo siempre estaba listo para pelear con todos ellos, a insultos, a puñetazos o a pedradas.

Carreño me aseguró que Doroteo era un joven impulsivo y peleonero. Por necesidad y por naturaleza, jamás permitía ser insultado por nadie y por ninguna razón. Cuando era apenas un adolescente, ya era un experto jugador de baraja, que estaba acostumbrado a ganar su dinero y otros objetos a los trabajadores del campo. De acuerdo con Carreño, cuando un muchacho de San Juan del Río perdió a las cartas con Doroteo, se puso furioso. Siendo mayor y más fuerte, peleó con Doroteo, lo golpeó y lo dejó tirado en el campo. Fue entonces que Doroteo se volvió mas cuidadoso para jugar y se dice que, para protegerse, empezó a usar navaja.

Un día, Doroteo desapareció de Río Grande y se fue a vivir con sus hermanos y su madre, también de un carácter indomable, al rancho de Güagojito situado en la hacienda de Santa Isabel de Berros. «Doroteo Arango jamás regresó a San Juan del Río. El que volvió, muchos años más tarde, fué el general Francisco Villa», dijo Carreño.

Era tiempo de empezar a buscar personas con los apellidos Fermán y Quiñones, otra de mis razones para regresar a Durango. Fuí a la Ciénega Grande, Menores de Abajo, Miguel Negrete y San Lucas, pero no tuve suerte. Al regresar a San Juan del Río, casi por accidente conocí al señor Manuel

Alvarado Fermán. Finalmente había encontrado a alguien emparentado con la familia Fermán.

Manuel Alvarado Fermán
San Juan del Río, Durango, 25 de enero, 1998

Manuel Alvarado Fermán es hijo de Francisca Fermán y Francisco Alvarado. Su madre era hija ilegítima de doña Merced Fermán. Su bisabuelo, Jorge Fermán, y don Luis Fermán eran hermanos.

Cuando don Jorge murió, no había hecho testamento. Don Luis le dijo a su familia que no se preocuparan, que él repartiría la Ciénega de Basoco entre todos los descendientes. Sin embargo, don Luis dió la mayor parte de la tierra a su hijo Miguel. Doña Merced y don Antonio Fermán, hijos de don Jorge, recibieron muy poco. «Esta es la razón por la que nosotros, los familiares de don Jorge, quedamos pobres», dijo el señor Alvarado. Sin embargo, asegura que él tuvo siempre una excelente relación con don Miguel:

Yo lo visité en varias ocasiones. Era un hombre bueno, decente y muy trabajador. Sus hijos sí tuvieron la oportunidad de estudiar. Yo no; yo tuve que emigrar a los Estados Unidos para encontrar trabajo. Ya no hay manera de vivir aquí en San Juan del Río. La gente no tiene trabajo y se está muriendo de hambre.

El señor Alvarado asegura haber escuchado decir a doña Francisca, su madre, que Pancho Villa era hijo de un Fermán. Habiendo escuchado esto de muchacho, nunca se interesó en averiguar de cuál Fermán se trataba:

En sus pláticas, mi madre siempre hablaba sobre este asunto. Ella me dijo, no una vez, sino varias veces, que Villa era pariente de un Fermán, nunca supe de cuál. Pero ahora, muchos años después y luego de pensarlo bien, Villa no pudo haber sido hijo de don Jorge Fermán, mi bisabuelo, porque mi madre y mi abuela se hubieran enterado del chisme y me lo habrían contado. Tampoco pudo ser hijo de don Miguel, porque Villa y él eran más o menos de la misma edad. Eso sólo deja a don Luis Fermán; no hay otro Fermán. Don Luis, hermano de don Jorge, mi bisabuelo, es el único que pudo ser el padre de Pancho Villa.[13]

Visitantes del extranjero

Varios meses pasaron antes de recibir noticias de que Inés Fermán de Deydier y Cecilia Fermán de García, hijas de Jesús Fermán, visitarían Torreón en junio. Inés llegaría de Argentina y Cecilia de Francia. Informé entonces al señor Fermán que los primeros días de junio iría a Torreón para entrevistar a sus hijas, incluídas Gabriela y Lucía que viven en Torreón.

Cuando llegué a la residencia de los Fermán, me enteré que me esperaba una gran reunión familiar. Otra visitante, Socorro Fermán de Muñiz, hermana de Jesús y José, también se encontraba allí.

Este grupo estaba formado por una nueva generación de mujeres jóvenes y educadas, pertenecientes a la familia Fermán. Viajan con frecuencia, tres de ellas han vivido durante varios años en el extranjero y hablan varios idiomas. Todas estaban muy interesadas en la investigación sobre el parentesco entre Villa y su familia.

Inés Fermán de Deydier
Torreón, Coahuila, 8 de junio, 1998

Inés Fermán de Deydier, hija de Jesús Fermán y Emma Flores, nació en Torreón en 1960. Sus abuelos fueron Inés

Aguilera y Luis Fermán, y es bisnieta de Miguel Fermán y Rafaela Quiñones. Contrajo matrimonio con Jacques Deydier, y ha vivido en Francia durante varios años. Aunque nació en México, tomó la ciudadanía francesa con el objeto de evitar los molestos interrogatorios a los que era sometida al entrar a Estados Unidos. Es psicóloga y actualmente reside en Argentina con su esposo y un hijo.

Después de darme información sobre ella, le pregunté si había escuchado algo sobre el parentesco existente entre Villa y la familia Fermán. Recordó que siendo una niña, sus abuelos Luis e Inés le dijeron:

En una ocasión, mi abuelo me dijo que Pancho Villa era hijo de un Fermán, pero no me dijo de cuál de ellos. Mire usted, mi abuelo no tenía muy buena opinión de Villa, así que lo que me dijo fue muy confuso. Era una especie de secreto del que no le gustaba hablar mucho.

Yo le escuché decir que Pancho Villa era un bandido que de joven había trabajado en la hacienda que pertenecía a la familia Fermán. Pero, como le dije, siempre supe que Villa era pariente nuestro.

La familia Aguilera, la de mi abuela Inés, era también de hacendados en Durango, y durante la revolución todo se los quitaron. Así que a mi abuela Inés no le gustaba ni la revolución, ni los revolucionarios, ni Pancho Villa. Para ella, todos los revolucionarios, sin excepción, eran bandidos. Por esa razón, Villa, que era un bandido para ellos, mis abuelos, no podía formar parte de nuestra familia. Ellos no lo aceptaban.

Inés me aseguró que a ella no se le olvidó esta relación entre su familia y Villa. De hecho, en Francia, ella le dijo a su esposo Jacques y a algunos amigos, que estaba emparentada con Pancho Villa. Sus amigos le hacían muchas preguntas sobre Villa, así que estaba decidida a saber más sobre su vida:

A un lado de que Villa sea o no un bandido, él es un personaje importante en la historia de México. Aparte de las cosas negativas sobre él que yo escuché decir en mi casa, también aprendí algo sobre Villa en la escuela. Nunca pensé que fuese tan malo como lo han pintado. Más que eso, nunca lo ví como un bandido. Yo creo que a mi familia, en general, siempre le faltó información sobre la revolución, sobre sus causas y sobre Pancho Villa.

Por otra parte, mi familia nunca estuvo interesada en averiguar los orígenes del apellido Fermán. Hasta ahora, no sabía que el primer Fermán que vino a México era judío austriaco. Ahora entiendo por qué razón algunos de mis amigos en Francia me preguntaban si yo era judía.

Ahora que vivo en Argentina, muy lejos de México, no quiero perder mi propia historia. Ahora estoy muy interesada en investigar y averiguar sobre todo esto. Mi padre me ha asegurado que Villa es pariente nuestro. Me ha dado gusto, no porque descendamos de él, que no descendemos, ni porque esperemos algún reconocimiento, que no lo esperamos. Simplemente por saber que descendemos de un tronco común que es Fermán.

Yo jamás dudé que Villa estaba emparentado con nosotros. Y ahora que he visto las fotografías de don Miguel Fermán y de Villa, veo que se parecen mucho. Eso confirma lo que siempre pensé, que somos parientes.[14]

Gabriela Fermán Flores
Torreón, Coahuila, 8 de junio, 1998

Gabriela Fermán Flores, hija de Jesús Fermán y de Emma Flores, nació en Torreón en 1964. Gabriela recuerda vagamente a su bisabuelo don Miguel. Me aseguró que él estaba ciego cuando lo conoció, y que a los nietos no les permitían entrar a su cuarto. Sin embargo, Gabriela recuerda bien lo que sus abuelos, Luis e Inés, decían de Pancho Villa:

Mi abuelo dijo que Villa había sido peón en la hacienda de Basoco en Durango y que trabajó allí con su papá. Aunque yo oí decir que Villa era pariente nuestro, yo nunca le presté atención a ese asunto. Pienso que fuí muy influenciada por otras cosas que se decían de él en mi casa, como que era un bandido.

Ahora que he crecido, me he interesado mucho en este asunto. Aunque he hablado con miembros de mi familia y he empezado a leer más sobre él, creo que aún no es suficiente. Todavía tengo que aprender mucho. Cuando usted habló con mi padre y con mi tío José, me enteré que buscaban una fotografía de don Luis Fermán. Me metí a buscar en el desván de la casa entre libros viejos, cartas y documentos. Allí encontré su fotografía metida en un libro.

Me da mucho gusto haber encontrado la fotografía de su papá. Sin embargo, yo veo aún a Villa como una persona muy distante, muy alejada. Lo que hizo en la revolución, lo hizo hace mucho tiempo. Además, lo que yo sabía de él eran puras cosas malas—que era un bandido, un violador y otras cosas. Tengo que estudiar más sobre su vida, y saber más sobre sus cosas positivas y lo que hizo por el país.[15]

Cecilia Fermán de García
Torreón, Coahuila, 8 de junio, 1998

Cecilia Fermán de García, hija de Jesús Fermán y Emma Flores, nació en Torreón en 1966. Contrajo matrimonio con Martín García, ciudadano francés de origen español, y reside en Francia desde hace varios años. Cecilia, igual que sus hermanas, recuerda haber escuchado sobre Villa:

Mis papás, mis abuelos y mis tíos, hablaban sobre esa historia, pero no en sus conversaciones diarias. Cuando los adultos hablaban entre ellos, decían que Villa era pariente nuestro. Yo estaba muy joven. Lo que yo escuchaba era algo que quizás era verdad, pero no teníamos prueba alguna, no había documentos. Nunca me interesé en buscar pruebas.

Sin embargo, me interesé en esto cuando me fui a vivir a Francia. Entonces me sentí más ligada a mi patria. ¿Qué es lo que yo les diría a mis hijos sobre mi familia? Entonces, en Francia, algunas personas me interrogaban sobre mi apellido. «¿Es Fermán tu apellido de casada»? me preguntaban. Esas personas querían saber si yo era judía. Debido a que yo nunca supe nada sobre el origen de mi apellido, no sabía qué contestar. Por esta razón, ahora quiero saber más, tanto sobre el origen de mi apellido como sobre el parentesco de mi familia con Villa.

Mis hermanas y yo hemos visto documentos, certificados y fotografías de la familia. Hemos hablado con varios familiares. Hemos encontrado que el primer Fermán que vino a México fue Luis Fermán, un judío que se convirtió en cristiano.

Cecilia tiene sentimientos mezclados sobre su relación con Villa, ya que siempre escuchó que era un bandido. Aunque sabe que Villa contribuyó mucho a la revolución y que trajo cambios a México, estaba dudosa de decir a otras personas, incluído su esposo Martín, que está emparentada con él. Sin embargo, ahora tiene una nueva actitud: «Ahora investigo y quiero saber más sobre la historia de mi familia y sobre la vida de Villa».[16]

Lucía Fermán Flores
Torreón, Coahuila, 8 de junio, 1998

Lucía Fermán Flores nació en Torreón en 1965, y es la hija de Jesús Fermán y Emma Flores. Cuando era muy joven, escuchó a su abuela Inés contar historias sobre Villa. Y de sobremesa, oyó a otros familiares discutir cosas de la Revolución:

Yo escuché decir a mi abuela Inés que durante la revolución, la vida fue muy dura. Su familia, los Aguileras, poseían una hacienda en Durango, la hacienda de Xicórica. Ellos fueron saqueados varias veces por los revolucionarios que querían matarlos, y tuvieron que esconderse varias veces en una cueva. Finalmente, una vez, los revolucionarios entraron a la hacienda y se robaron todo lo que quisieron. Luego la incendiaron.

Mi abuela también decía que Pancho Villa era pariente de don Luis Fermán. Yo supe eso toda mi vida, pero nunca supe por qué eran parientes.

No fue sino hasta que Lucía empezó a trabajar en la oficina del "Taller Fermán," que se interesó en saber más sobre la historia familiar. Inclusive, después de que su abuelo le confirmó que existía parentesco entre la familia Fermán y Pancho Villa, el bandido, Lucía quiso saber más. Entonces empezó a leer sobre él, esperando aprender tanto sobre el revolucionario como sobre el hombre:

Recientemente, he leído que hasta sus enemigos decían algo positivo de él. El no es la persona que el gobierno nos ha presentado en los libros de historia. No puedo dejar de pensar en el hecho de que mucho de lo que hay escrito sobre él, no es verdad.

Yo no tengo dudas de este parentesco. Por lo que escuché de joven y las pláticas que he tenido con mi familia, no hay lugar para dudas: Pancho Villa era un Fermán.[17]

Socorro Fermán de Muñiz
Torreón, Coahuila, 8 de junio, 1998

Socorro Fermán de Muñiz, hermana de José y de Jesús Fermán, nació en Torreón en 1950. Sus padres fueron Luis Fermán e Inés Aguilera. Sus abuelos paternos fueron Miguel Fermán y Rafaela Quiñones.

Socorro dice que cuando era niña, le fue enseñado no preguntar nada a sus mayores. Ella no podía intervenir en las conversaciones de los adultos. Sin embargo, en ocasiones se quedaba cerca y escuchaba lo que decían, hasta que con una mirada la echaban fuera. Fue en una de estas ocasiones, que ella escuchó a su padre decir que Pancho Villa estaba emparentado con la familia Fermán:

Yo nunca olvidé eso. Así que, desde que era yo una niña, supe que Villa era miembro de la familia. Sin embargo, yo, de niña, era muy preguntona. Un día le pregunté a mi papá si era verdad esa historia de que Pancho Villa era un Fermán. Me contestó que sí, que era verdad, pero nunca me explicó cómo había sido que estaba emparentado con la familia. Pero él, mi papá, sí sabía toda la historia.

Socorro creció con muy poca información sobre su familia. Cuando se fue a vivir a Utah, un amigo suyo le preguntó sobre su apellido. Quería saber si era de origen judío. Por lo que concierne a Socorro, dice que «ella es más india que las tunas y los nopales». No tiene la menor idea si Fermán es apellido judío.

Ahora que su familia habla abiertamente sobre el parentesco de Villa y la familia Fermán, piensa que es "maravilloso":

Yo veo a Pancho Villa como un héroe, un luchador y un ídolo del pueblo mexicano. Si es mi pariente, como creo que lo es, pues con más ganas. Yo estoy muy orgullosa. Ahora que vivo en Estados Unidos con mi familia, tan lejos de México, no quiero perder ese orgullo ni mi identidad. Al contrario, quiero transmitírsela a mi propia familia. ¡Viva Villa![18]

A regresar a Chihuahua, me reuní con mi informante original, el doctor Pablo Camacho Fermán, y discutí con él algunas de las dudas surgidas durante el curso de la investigación, especialmente el origen judío del apellido Fermán. Esto, unido al hecho de que varios de los entrevistados habían asegurado que don Miguel Fermín era un ferviente católico, y la declaración de mi informante que el primer Fermán procedente de Liechtenstein había sido judío, necesitaba ser aclarado.

Camacho Fermán me enseñó la copia de una carta que había enviado a una de sus hermanas en Torreón, en 1995, donde discutía este mismo tema. La carta explica con mucho detalle los orígenes judíos de la familia Fermán desde el siglo XVI. Procedente de una familia judía establecida durante muchos años en Persia, un país musulmán, los *Ferdman* se establecieron en Bläudorf, un pequeño pueblo de Austria que posteriormente pasó a formar parte del Principado de Liechtenstein. En la carta también explica las razones de la extraña conducta de su madre, que había aprendido a matar los pollos y los pavos a la manera hebrea, de una manera ritual. Asegura que su abuelo, don Miguel, había sido criado por su madre, doña Rosario Gracia, «con el miedo de ser descubierto su verdadero origen».[19]

En 1952, cuando doña Rafaela murió, don Miguel sufrió una depresión muy severa. Entonces, de una manera secreta, volvió a algunas prácticas religiosas ancestrales. Don Miguel era un experto en lengua hebrea y un excelente calígrafo de los signos arameos, tanto de los cursivos como de los en bloque. Mi informante escribió en su carta:

> ¿Recuerdas que cuando yo tenía unos once años de edad, aprendí a escribir y a leer en hebreo, y que leía la Biblia en su lenguaje original? Gracias a mi abuelo me familiaricé con la lengua hebrea, y él me conectó con la religión de una manera extraña

e incongruente. Por una parte, promovió que fuese bautizado en la religión católica, que fuese confirmado y que hiciese mi primera comunión de acuerdo con la ortodoxia cristiana. Por la otra, en un pequeño cuarto que tenía en el piso alto de la casa, me inició en los ritos judaicos tanto como pudo.[20]

Pablo Camacho Fermán preguntó entonces a su hermana si sabía que sus tíos José y Miguel Fermán habían ido a Chicago en 1911 para estudiar una especialidad que entonces era casi exclusiva de la comunidad judía: el trabajo de los metales, de la soldadura científica y el manejo de los motores de combustión interna, tanto de gasolina como diesel. Y añadió: «Tus tíos sobrevivieron en una ciudad tan *sui géneris* como Chicago, gracias a que la comunidad israelita los sostuvo».

Con esta carta, las dudas concernientes al origen del apellido Fermán, iniciadas por Inés, Cecilia y Socorro Fermán, quedaron perfectamente aclaradas.

Reunión festiva en Guadalajara

En diciembre de 1998, se me presentó la oportunidad de visitar Guadalajara. Debía obtener los testimonios de seis miembros de la familia Fermán Hernández y el de una dama perteneciente a la familia Camacho. Telefoneé a Rafaela Fermán para concertar una cita en su residencia y la acordamos para el 23 de diciembre, vísperas de Navidad.

Cuando llegué a su casa, una agradable sorpresa me esperaba: excepción hecha de una de las hermanas, todos los demás miembros de la familia, incluída la señora Camacho de López-Puga, estaban esperándome listos para conversar conmigo. Debido a su trabajo, la Dra. Josefina Fermán de Villarán no había podido asistir.

Rafaela Fermán Hernández
Guadalajara, Jalisco, 23 de diciembre, 1998

Rafaela Fermán Hernández es hija de Elena Hernández y Juan Fermán Quiñones. Sus abuelos eran Miguel Fermán y Rafaela Quiñones y sus bisabuelos, Rosario Gracia y Luis Fermán. Rafaela es directora y copropietaria del "Jardín de Niños Fermán."

Rafaela escuchó con frecuencia a su padres hablar sobre el parentesco entre Villa y la familia Fermán. Ella se enteró de un secreto familiar: que Villa era hijo de su bisabuelo y de una sirvienta que trabajaba en la hacienda:

Mi padre, Juan, era una persona seria y formal. El nos informó esto y no tenía ninguna razón para mentir. Doroteo Arango o Francisco Villa era un hijo ilegítimo, fuera de matrimonio. Don Luis Fermán, su padre, era hacendado, y doña Micaela, su madre, era sirvienta. Y en aquella época, esto no era ni agradable ni aceptable.

Mi abuela Rafaela conoció a Villa, es decir, a Doroteo, muy bien en Basoco. Ella le daba harina para que se la llevara a su mamá y ésta le hiciera gorditas rellenas con carne, frijoles y chile.

Rafaela piensa que ser hijo ilegítimo tuvo gran impacto en Villa:

En la actualidad son más comunes los hijos ilegítimos. Son mejor aceptados, ya no se les esconde ni son vistos como una vergüenza. Hay personas que rechazan y desprecian a Villa, pero hay muchas otras que lo admiran y quieren. Estos últimos tienen todo el derecho en el mundo de saber la verdad sobre él.

Su padre, don Luis, era un hacendado que le dió la vida, pero que no lo reconoció como hijo. Quizá sabiendo y comprendiendo esto, muchas personas puedan entender su violenta reacción en contra de los hacendados. Es posible que allí esté el origen de algunas de sus acciones, rechazando a los hacendados y protegiendo a los pobres y a los marginados. Este es un hecho importante, que debe ser conocido para que las personas reflexionen sobre él.[21]

María Elena Fermán Hernández
Guadalajara, Jalisco, 23 de diciembre, 1998

María Elena Fermán Hernández también es hija de Elena Hernández y Juan Fermán Quiñones. María Elena es educadora y copropietaria del "Jardín de Niños Fermán." De la misma manera que su hermana Rafaela, María Elena recuerda a su padre diciendo que Villa era miembro de la familia Fermán:

Mi papá decía: «Villa era hermano de mi padre Miguel». Mi papá hablaba muy bien de Villa; yo lo oí decir que era un hombre que se preocupaba por las personas que no tenían nada. Como usted sabe, hay otras versiones de la historia que lo hacen un asesino y un bandido. Hay dos versiones distintas, la que los historiadores han escrito y la que yo escuché en mi casa. Ellas no coinciden.[22]

Teresa Fermán Hernández
Guadalajara, Jalisco, 23 de diciembre, 1998

Teresa Fermán Hernández es la hija más joven de Elena Hernández y Juan Fermán. Como sus hermanas, también es educadora en el "Jardín de Niños Fermán." Teresa recuerda muy bien a su abuelo Miguel:

Lo recuerdo como un anciano que necesitaba bastón para caminar. Era muy religioso y en su casa se rezaba el rosario todas las tardes. Al principio, todos en la casa asistían, pero con el paso del tiempo, los niños y nietos no se estaban mucho. Cuando yo tenía unos diez años de edad, muchas veces me quedé a rezar con él. Cuando terminábamos, tenía que llevarlo a su cuarto que estaba al otro lado de la casa. Yo lo llevaba de la mano mientras que él se ayudaba con el bastón. Yo iba jugando y brincando y mi abuelo me decía muy enojado: «Con cuidado, con cuidado, muchacha, que me vas a tumbar».

Cuando se rezaba en la casa, todos guardábamos un profundo silencio. Tenía absoluto control de la familia.

Teresa asegura que ella escuchó a su padre la historia de que su familia estaba emparentada con Villa. De acuerdo con ella, a su padre le gustaba hablar de este asunto y se expresaba de él con mucha admiración:

Aunque mi padre jamás me dijo claramente que Villa era hijo de don Luis Fermán, mi bisabuelo, me dijo que era hermano de su padre Miguel.

También me dijo mi papá que Villa pasaba buena parte de su tiempo en la Ciénega de Basoco. Villa era un hombre valiente que vivió intensamente su vida, y que en la época tan difícil que le tocó vivir, hizo lo que tenía que hacer. Pagó con su vida tratando de cambiar este país. Yo, como mi padre, también lo admiro. Creo, sinceramente, que Pancho Villa fue un gran hombre.[23]

Luz Fermán de Rivera
Guadalajara, Jalisco, 23 de diciembre, 1998

Luz Fermán de Rivera, hija de Elena Hernández y Juan Fermán, nació en Torreón en 1942 y trabaja como traductora en Guadalajara. Luz asegura que los adultos en su familia jamás se sentaban a hablar con los niños, y que éstos no hacían vida social con ellos. Así que lo que sabe de Pancho Villa, lo supo por su padre:

Mi padre decía que Villa era medio hermano de mi abuelo don Miguel. Nunca escuché a mi padre hablar mal de él, al contrario, lo admiraba. Me dijo que cuando Doroteo Arango, es decir, Villa, era muchacho, trabajó como aguador en la Ciénega de Basoco.

Yo pienso que Villa era un hombre apasionado que creía en su propio destino y que estaba totalmente convencido de los motivos por los que peleaba. Estoy convencida de que si yo hubiera vivido en aquella época, hubiera sido una buena Adelita porque me hubiera metido a pelear para cambiar este país. Me gusta mucho la historia de la revolución mexicana, y me estimula saber que gracias a hombres como Pancho Villa, aún vive el espíritu de rebelión entre el pueblo de México.[24]

Juan Fermán Hernández
Guadalajara, Jalisco, 23 de diciembre, 1998

Juan Fermán Hernández nació en Torreón, hijo de Juan Fermán y Elena Hernández. Sus abuelos paternos fueron Miguel Fermán y Rafaela Quiñones.

Cuando pregunté al señor Hernández si había escuchado algo sobre el parentesco entre Pancho Villa y la familia Fermán, su reacción fue negativa:

He estado escuchando algunas de las cosas que le han platicado a usted mis hermanas, y estoy asombrado porque nunca me enteré de nada. La verdad es que yo no platiqué con mi papá porque nunca me interesó la historia de la familia, y nada supe de este parentesco. Hasta ahora me estoy enterando que Pancho Villa y nosotros, los Fermán, somos familiares. Esto es extraño para mí.

Mi papá no era capaz de mentir a mis hermanas, así que voy a pedirles que me digan todo lo que saben sobre este asunto.[25]

Margarita Camacho de López-Puga
Guadalajara, Jalisco, 23 de diciembre, 1998

Margarita Camacho de López-Puga, hija de Guadalupe Fermán y Margarito Camacho, nació en la ciudad de Torreón. Sus abuelos maternos fueron Miguel Fermán y Rafaela Quiñones. Tiene dos hermanas, Guadalupe y Socorro, y un hermano, Pablo.

Margarita recuerda perfectamente a su madre diciendo que Pancho Villa era medio hermano de su abuelo, don Miguel Fermán:

Mi madre nunca dijo que Villa era hijo de don Luis. Pero, por supuesto, si era medio hermano de mi abuelo Miguel, entonces era hijo de don Luis.

En mi casa, todos lo sabíamos, mis hermanas y mi hermano. Recuerdo bien que cuando uno de nosotros hacía un berrinche, mi madre siempre le decía: «ya te está saliendo lo Villa», o «ya te pareces a Villa», o «ya te estás convirtiendo en Villa». Esos dichos de mi madre los recordamos todos nosotros con afecto porque nos recuerdan nuestra niñez. Nosotros oíamos estas cosas y nos parecía natural que Villa fuese nuestro pariente. Pero eso fue todo. Cuando crecimos, nunca se nos ocurrió comprobar el parentesco.[26]

Al día siguiente, día de Navidad, me encontré sólo en Guadalajara, muy lejos de mi hogar y de mi familia. Utilicé todo el día visitando la ciudad, hasta que regresé ya tarde, al hotel y encontré cerrado su restaurante por el día festivo. Una hora más tarde, todos los restaurantes de Guadalajara, hasta los más pequeños, estaban cerrados. Todo el mundo se había ido a su casa a cenar y a pasar la Navidad con sus familias.

Enfrentado con lo inevitable, encontré una pequeña tienda que estaba abierta, y compré algo de pan, queso y verduras. Sin embargo, cuando regresé a mi hotel, me encontré con una sorpresa. La familia Fermán Hernández me invitaba a cenar con todos ellos. Incapaz de rechazar tal ofrecimiento, en pocos minutos me encontraba en su casa.

Cuando llegué a la residencia de la familia Fermán Hernández, toda la familia estaba presente. Antes de cenar, aproveché la oportunidad para entrevistar a la Dra. Fermán de Villarán.

Josefina Fermán de Villarán
Guadalajara, Jalisco, 24 de diciembre, 1998

La Dra. Villarán, odontóloga y cirujana maxilo-facial, casada con un cirujano plástico y reconstructor, también es hija de Elena Hernández y Juan Fermán. Sus abuelos fueron don Miguel Fermán y doña Rafaela Quiñones. La Dra. Villarán recuerda muy bien a su madre y a su padre hablar sobre el parentesco entre Pancho Villa y su abuelo don Miguel Fermán, pero sus padres nunca mencionaban a don Luis:

Recuerdo muy bien que cuando mi padre hablaba de Villa, le gustaba decir: «Villa era miembro de la familia». Yo era una niña, y escuchaba lo que me padre decía, pero nunca le pregunté cómo es que Pancho Villa era miembro de la familia. Mi padre jamás nos hubiera mentido a sus hijos con una cosa así. No importa que no haya yo sabido los detalles; para mi Pancho Villa siempre fue parte de nuestra familia.[27]

La Dra. Villarán concluyó su comentario, sugiriéndome que hablara con su hermana Rosario que vive en Torreón. «Ella es la mayor y probablemente sabe más que todas nosotras».

Los apuntes de la familia

Una vez de regreso en Chihuahua, empecé a prepararme para mi último viaje a Torreón, y entrevistar a la señora Rosario Fermán de León. Mi cita fue programada para los primeros días de enero de 1999.

Cuando llegué a su casa, la señora de León estaba rodeada por varias hijas, quienes decidieron acompañar a su madre y escucharla hablar sobre el parentesco Fermán-Villa, un asunto del que nada sabían.

Yo esperaba que la señora de León pudiera contribuir con más información que sus hermanas a mi investigación. Mis expectativas se cumplieron cuando la entrevista tomó rápidamente otra dirección. La señora, que había sido muy apegada a su padre, había tomado por escrito y guardado algunas notas de las conversaciones que sostuvo con él.

Rosario Fermán de León
Torreón, Coahuila, 8 de enero, 1999

Rosario Fermán de León, la mayor de las hijas de Elena Hernández y Juan Fermán, nació en Torreón en 1939. Sus abuelos fueron don Miguel Fermán y doña Rafaela Quiñones. La señora De León recuerda muy bien a su padre:

Durante muchos años, yo fui muy apegada a mi abuelo aquí en Torreón. El era un hombre inteligente y muy religioso. Sin falta, todas las tardes se rezaba el rosario en su casa. Era también poeta, porque escribía versos para todos sus hijos y nietos. También le gustaba la mecánica—creo que lo traía en la sangre. Tenía un cuarto de trabajo con toda clase de herramientas, donde hacía, arreglaba y reparaba muchas cosas.

Fabricaba bastones de todos tamaños y recuerdo bien que poseía muchos. Mi abuelo necesitaba usar bastón y él mismo se los hacía. Cuando escuchaba que alguien necesitaba un bastón, inmediatamente le regalaba uno.

También hacía rosarios. Conseguía diferentes materiales para hacer las cuentas, perforaba los hoyos y hacía los rosarios. Luego los regalaba todos.

Mi abuelo también era inventor. Durante muchos años trajo entre ceja y ceja la idea de construir una rueda que no necesitara combustible para moverse. Siempre le estaba pidiendo a mi papá, que entonces trabajaba en el taller, que modificara así y asado su rueda. Pero a mi abuelo nunca le gustaba lo que le hacía mi papá a la rueda y se la pasaba renegando porque no hacía correctamente lo que le pedía. Inclusive le escribió un poema a esa rueda.

La señora De León afirma que con frecuencia, su padre le hablaba del parentesco de Villa con la familia Fermán. Aunque su padre nunca le dijo que Villa era hijo de don Luis, le decía que era hermano de don Miguel, su papá. «Al decir que Villa era hermano de don Miguel, por supuesto que era hijo de don Luis», asegura la señora De León. Ella no tiene ninguna razón para dudar de las palabras de su padre:

Mi padre era una persona muy seria y hasta donde yo sé, jamás le dijo a nadie sobre este parentesco y nunca lo publicó. Sin embargo, yo lo recuerdo hablando de Pancho Villa de una manera familiar; pienso que él lo admiraba por todo lo que había hecho en la revolución. No lo recuerdo haberlo oído decir alguna cosa en su contra.

La cosa era que nosotros, sus hijos, escuchábamos y no preguntábamos nada. Pienso ahora que si nos hubiéramos interesado en este asunto, mi padre nos hubiera contado muchas cosas más. Sin embargo, yo lo escuché y hasta anoté algunas de las cosas que me dijo. Cuando usted me habló de Chihuahua por teléfono y supe que iba a venir, busqué mis notas esperando que sean útiles para su investigación.

Juntos discutimos el contenido de las notas y buscamos en ellas las referencias relacionadas con Villa. Estas notas ayudaron a la señora De León a recordar algunas de las historias que le contó su padre:

Mi abuelo, don Miguel Fermán, tenía algunas tierras en San Juan del Río en las que tenía ganado, poco más de mil cabezas. Como tuvieron una sequía muy fuerte que duró siete años, llevaban el ganado a tomar agua en la Sierra de Gamón y nunca perdieron un solo animal. Mi abuelo también era dueño de un molino de trigo, en el que tanto Doroteo Arango como sus hermanos Hipólito y Antonio, trabajaron de muchachos.

Antes de que estallara la revolución, don Miguel vendió la Ciénega de Basoco por 30,000 pesos. Con ese dinero, compró un hotel en San Juan del Río que tenía veinticuatro cuartos. También compró una plaza de toros, una huerta muy grande y una planta eléctrica.

Con esa planta, mi abuelo, que era muy progresista, proporcionaba electricidad gratuita para el alumbrado de la ciudad, porque no tenía. Sin embargo, durante la revolución, un día llegaron unos hombres a la Ciénega de Basoco a buscarlo para matarlo. Como no lo encontraron, le pusieron una bomba al molino de trigo, lo volaron y lo destruyeron totalmente.

En 1915, una vez que se encontró en Torreón con Villa, su hermano, éste le pidió que fuera a verlo a Chihuahua. Mi abuelo y doña Rafaela, su esposa, fueron a Chihuahua y se entrevistaron con él. De allí, fueron a Ciudad Juárez, en donde Hipólito Villa, hermano del general, que tenía unos almacenes muy grandes, les entregó mil pesos en oro. De Juárez cruzaron a El Paso, Texas, en donde con ese dinero compraron mucha ropa. A Juan, mi padre, que iba con mis abuelos, sus papás le compraron juguetes y ropa en El Paso. Como mi padre nació en 1905, entonces tenía unos diez años. Debido a que mis abuelos le compraron montones de juguetes y mucha ropa, jamás se le olvidó aquel viaje.

En 1920, cuando hizo la paz y se fue a vivir a Canutillo, Pancho Villa le envió un mensaje a mi abuelo diciéndole que buscara un negocio en Torreón que valiera unos 50 ó 60 mil pesos, que él se lo compraba para que lo manejara y sacara adelante a su familia. Pero no buscó nada y no aceptó el ofrecimiento de Villa. Mi abuelo dijo que se trataba de "dinero sucio" y no quería que la familia Fermán se manchara las manos con él.

Antes de abandonar su casa, la señora me dio una copia de sus notas diciéndome: «Pancho Villa y nosotros somos parientes. Sí, somos parientes, de eso no tengo la menor duda».[28]

CAPÍTULO CUATRO

ANÁLISIS Y CONCLUSIONES

Tomando en consideración los objetivos anotados en el Capítulo Uno, se realizó una amplia investigación, documental y oral, sobre el origen de Doroteo Arango, alias Francisco Villa. Los resultados obtenidos son los siguientes:

◆ **Investigar si Agustín Arango, Micaela Arámbula y su familia residían en la región de San Juan del Río, Durango, a fines de la década de 1870.**

Documentos relacionados con la presencia de Agustín Arango, Micaela Arámbula y su familia, en la región de San Juan del Río, Durango, fueron localizados en diversos archivos oficiales, eclesiásticos y privados. La información contenida en ellos permite decir que:

- Micaela Arámbula nació el 1 de junio de 1851, en San Juan del Río, Durango.[1]

- Micaela Arámbula bautizó el 31 de agosto de 1871, como hija natural, a la niña María Agustina Arámbula.[2]

- Agustín Arango y Micaela Arámbula contrajeron matrimonio en la parroquia de San Fermín de Pánuco, Durango, en 1877.[3]

- Agustín Arango era hijo legítimo de Antonio Eustaquio Arango y de Faustina Vela. Y Antonio Eustaquio Arango era hijo ilegítimo de María Arango y un hombre desconocido.[4]

- Micaela Arámbula era hija legítima de Trinidad Arámbula y María de Jesús Alvarez.[5]

- El 5 de junio de 1878 nació en Río Grande, Durango, un hijo de Agustín Arango y Micaela Arámbula que fue bautizado en la parroquia de San Francisco de Asís con el nombre de José Doroteo Arango.[6]

- En la misma parroquia, Agustín Arango y Micaela Arámbula bautizaron a cuatro hijos más: María Ana, José Antonio, María Martina y José Hipólito.[7]

- María Martina Arango, de diecinueve años de edad, registró en 1901 como hija natural, a la niña Petra Arango.[8]

◆ Investigar si la relación legal padre-hijo existente entre Agustín y José Doroteo Arango era un hecho unánimemente aceptado, o si había motivos razonables para pensar otra cosa.

Se localizaron varias referencias bibliográficas, tanto de escritores favorables como hostiles a Villa, asegurando que Agustín Arango no era su padre. La escritora Esperanza Velázquez Bringas escribe que Villa declaró en una entrevista que le hizo en la Hacienda de El Canutillo, que Agustín Arango no era su padre, sino su padrastro, y que su apellido no era Arango ni Villa, sino Germán.[9] El escritor Salvador Borrego afirma que Francisco Villa se llamaba originalmente Francisco Germán y luego Doroteo Arango.[10] El periodista Gonzalo de Palacio escribe que Agustín Arango no era el padre de Villa, sino su padrastro y que su verdadero padre se apellidaba Germán.[11] El Dr. Ramón Puente, colaborador muy cercano a Villa en Chihuahua, escribe que el verdadero apellido de Micaela Arámbula era Germán.[12] Y Haldeen Braddy, historiador norteamericano, asegura haber obtenido información de que Villa descendía de un noble español que había sido amante de su madre.[13]

De acuerdo con estas citas, nunca existió, de hecho, un consenso unánime sobre la paternidad de Agustín Arango. Y debido a la declaración del propio Villa en El Canutillo, existen motivos válidos para pensar que la relación que unía a Agustín Arango con él, era la de un padrasto o padre putativo.

◆ **Investigar si en la década de 1870, residió en la Ciénega de Basoco o en cualquier otra propiedad en la región de San Juan del Río, Durango, un hacendado de origen judío-austriaco llamado Luis Fermán. Si residió allí, investigar si él y Micaela Arámbula se conocieron y si tuvieron o no, la oportunidad de tener una relación personal. Investigar si en esta misma región vivió un hacendado de origen español de apellido Germán.**

En el archivo parroquial de San Francisco de Asís, en San Juan del Río, Durango, se localizaron actas de bautizo y de matrimonio, pertenecientes a Luis Fermán, vecino de San Juan del Río, y a varios de sus descendientes:

• El acta del matrimonio religioso en 1868 de Luis Fermán Gurrola, originario de San Juan del Río, Durango, de 32 años de edad, hijo de Luis Fermán y Úrsula Gurrola, con Rosario Gracia, de 19 años de edad, hija de Antonio Gracia y Josefa Mendoza, ambos contrayentes originarios de San Juan del Río, Durango.[14]

• El acta de bautizo de Luis Fermán Gracia, que nació en la Ciénega de Basoco, Durango.[15]

• El acta de bautizo de Miguel Fermán Gracia, que nació en la Ciénega de Basoco, Durango.[16]

• El acta del matrimonio religioso de Miguel Fermán Gracia y Rafaela Quiñones, en San Juan del Río, Durango.[17]

Estos documentos demuestran lo siguiente:

• En la década de los años treinta del siglo XIX, Luis Fermán y su esposa, Úrsula Gurrola, se encontraban asentados en la región de San Juan del Río, Durango.

• Luis Fermán Gurrola contrajo matrimonio en 1868 con Rosario Gracia y se encontraba asentado en la Ciénega de Basoco hacia la década de los años setenta del siglo XIX.

• Miguel Fermán Gracia contrajo matrimonio en 1899 y se encontraba asentado en la Ciénega de Basoco hacia fines de siglo XIX.

• Todos los matrimonios y bautizos de la familia Fermán fueron realizados en la iglesia católica de San Francisco de Asís.

• En ningún archivo se encontró información indicando que Luis Fermán, Luis Fermán Gurrola, Miguel Fermán Gracia, sus cónyuges Úrsula Gurrola, Rosario Gracia y Rafaela Quiñones, respectivamente, o sus descendientes, pertenecieran a una religión diferente a la católica.

• En ningún archivo se encontró el apellido Germán, que no existe en esta región.

• Fue encontrado un corrido, de autor desconocido, llamado Doroteo Germán Arango. El primer verso dice: «Doroteo Germán Arango, de Río Grande natural, de un ranchito de Durango, llegó a ser un general».[18]

En el mismo archivo parroquial, se encontraron documentos mostrando que a fines de la década de los años setenta del siglo pasado, en la Ciénega de Basoco, hacienda propiedad de Luis Fermán Gurrola, residía la familia

ArámbulaAlvarez, a la cual pertenecía Micaela Arámbula.[19] Al mismo tiempo, varios testimonios orales de esta investigación señalan que Micaela Arámbula trabajaba, durante la década de 1870, como sirvienta en la misma hacienda.[20]

Se concluye que tanto Luis Fermán Gurrola como Micaela Arámbula, coincidieron en tiempo y espacio en los años setenta, conviviendo con una relación patrón-sirvienta en la hacienda Ciénega de Basoco. Y que en ese lugar, tuvieron la oportunidad de entablar una relación amorosa que dio lugar al nacimiento de un hijo ilegítimo.

◆ **Investigar si Francisco Villa, al frente de un grupo armado, atacó en el curso de 1911 la Ciénega de Basoco o alguna otra propiedad de la familia Fermán en San Juan del Río, y si amenazó de muerte o en alguna otra forma a la familia.**

En la Hemeroteca del Estado de Durango, fue localizada una nota informando que la semana anterior al 20 de septiembre de 1911, la Ciénega de Basoco había sido atacada por una partida armada desconocida.[21] El testimonio de Silvestre Quiñones, uno de los informantes de esta investigación, señala que la residencia de la familia Fermán en San Juan del Río había sido atacada e incendiada por el Indio Mariano. [22]

Los periódicos de Durango también informan sobre la caótica situación existente en los estados de Durango, Morelos, Puebla, Tlaxcala y Guerrero, debido a que varias partidas zapatistas y anarquistas levantadas en armas en 1911, asesinaron a numerosas personas, y saquearon, destruyeron e incendiaron haciendas y propiedades.[23] Por esta razón, hay muchas probabilidades de que no sólo el incendio de la residencia de la familia Fermán en San Juan del Río, sino también el ataque a la Ciénega de Basoco en

1911, hayan sido hechos por el Indio Mariano al frente de una banda de anarquistas.

En relación a Villa, desde el inicio en Chihuahua de la rebelión maderista hasta la captura de Ciudad Juárez, se mantuvo en el campo combatiendo contra el ejército de Porfirio Díaz.[24] Después de los convenios de paz de Ciudad Juárez, firmados en mayo de 1911 entre Francisco I. Madero y los representantes del gobierno de Díaz, Villa contrajo matrimonio en la parroquia de San Andrés, Chihuahua, con Luz Corral Fierro.[25] Luego se dedicó a los negocios asociado con Federico Moye, respetable ciudadano de origen alemán y socio de la firma Krakauer, Zork & Moye.[26]

La única salida reportada de Villa fuera del estado en 1911, la realizó entre el 20 de julio y el 4 de agosto, en compañía de su esposa, Luz Corral. Ambos se dirigieron por ferrocarril a la ciudad de México, y de allí a Tehuacán, Puebla, a visitar a don Francisco I. Madero, quien descansaba en un balneario.[27] A su regreso a México, se encontraron en el hotel con el señor Matías Mesta, conocido comerciante de Chihuahua y amigo suyo, quien paseaba en la ciudad de México en viaje de bodas.[28] Después de regresar a Chihuahua, Villa se dedicó a sus negocios particulares y durante el resto de año no salió del estado. No existe evidencia alguna, oral o documental, de que en 1911 atacara la Ciénega de Basoco o la residencia de la familia Fermán en San Juan del Río. [29]

◆ **Localizar a descendientes de Luis y Miguel Fermán, y obtener sus testimonios orales sobre el origen y la vida de la familia Fermán en San Juan del Río, Durango. Indagar con ellos el posible parentesco existente entre Luis Fermán y José Doroteo Arango.**

Se buscó información documental y oral sobre Luis Fermán y sus descendientes, pero no se encontró información alguna que indicara el lugar y la fecha de nacimiento, el origen, la nacionalidad y la religión de Luis Fermán, ni de sus padres. Sin embargo, se sabe que en 1836, vivía con Úrsula Gurrola, su esposa, en San Juan del Río, año en el que tuvieron un hijo llamado Luis Fermán Gurrola. Se obtuvo infomación oral adicional, en el sentido de que procrearon, por lo menos, dos hijos más: Jorge y Candelaria Fermán Gurrola. En 1868, Luis Fermán Gurrola contrajo matrimonio con Rosario Gracia en la parroquia de San Francisco de Asís y procreo dos hijos: Luis, que murió en la infancia sin dejar descendencia, y Miguel, que vivió hasta noventa y nueve años de edad. Luis Fermán Gurrola, murió en 1895.

Miguel Fermán Gracia nació en 1870 en la Ciénega de Basoco, y fue bautizado en la parroquia de San Francisco de Asís. En 1899 contrajo matrimonio con Rafaela Quiñones López, con quien procreó ocho hijos: cinco varones, Miguel, José, Luis, Juan y Felipe, y tres mujeres, Luz, Rosario y Guadalupe. Miguel y José Fermán, murieron muy jóvenes sin dejar descendencia. El resto de los hijos contrajo matrimonio y todos tienen descendientes.[30] Juan Fermán, el único de los hijos de Miguel Fermán que aún vivía a principios de los años noventa, falleció en 1994 en la ciudad de Guadalajara.[31]

Rafaela Fermán Hernández, hija de Juan y nieta de Miguel Fermán, fue localizada en Guadalajara. Ella me relacionó con sus primos, Jesús y José Fermán, en la ciudad de Torreón. Debido a que ellos aceptaron hablar de un asunto considerado, durante muchos años, como un secreto de familia, abrieron la puerta para llevar a cabo esta investigación. Gracias a su apoyo, las investigaciones rápidamente se ampliaron con descendientes de la familia Fermán.

Jesús y José Fermán, también me pusieron en contacto con varios miembros de la famila Quiñones López, a la que pertenecía su abuela Rafaela, casada con Miguel Fermán Gracia. De esta manera me fue posible obtener una cadena de testimonios que hasta este momento cuenta con veintiocho eslabones, todos obtenidos con descendientes de las familias Fermán y Quiñones:

Jesús Fermán Aguilera, José Fermán Aguilera, Manuela Quiñones Santillano, Jesús Quiñones Quiñones, Jesús, Lucía y Gabriela Fermán Flores, María Pedroza de Estrada, Socorro Camacho Fermán, Guadalupe Camacho de Téllez, Luz Aranda Fermán, Rosario Fermán de León, Francisca Quiñones Orozco, Silvestre Quiñones, María del Refugio Quiñones, Manuel Alvarado Fermán, María de Jesús Quiñones, Emma Saucedo Quiñones, Rafaela, María Elena y Teresa Fermán Hernández, Luz Fermán de Rivera, Josefina Fermán de Villarán, Juan Fermán Hernández, Margarita Camacho de López-Puga, María Inés Fermán de Deydier, Cecilia Fermán de García y Socorro Fermán de Muñiz.

Todas estas personas fueron localizadas, contactadas y entrevistadas personalmente. Sus testimonios situaron en la hacienda Ciénega de Basoco y en la residencia que la familia Fermán tenía en San Juan del Río, Durango, los escenarios principales de la acción y aportaron información sobre el origen y diferentes aspectos de la vida cotidiana y social de las familias Fermán Gurrola, Fermán Gracia y Fermán Quiñones que allí residieron, y de las familias Quiñones López y Fermán Mendoza, que residieron en San Juan del Río. En ningún momento los informantes se negaron a colaborar o pusieron resistencia a la investigación, se molestaron por el interrogatorio, o dolosamente trataron de ocultar la verdad. Todos ellos colaboraron voluntariamente y aportaron a la investigación lo que sabían de esta historia.

Aunque es posible que algunos informantes se hayan comunicado entre sí, la investigación oral se llevó a cabo de una manera independiente. Con dos excepciones, ninguno de ellos tuvo acceso, ni a la comunicación personal inicial, ni a los demás testimonios. Las excepciones, María de Jesús

Quiñones y su hija Emma Saucedo, y Manuela Quiñones Santillano y su sobrino Jesús Quiñones, quienes proporcionaron simultáneamente sus testimonios.

Los testimonios de las señoras Fermán de Deydier y Fermán de García, residentes en Argentina y Francia, respectivamente, y Fermán de Muñiz, que reside en Estados Unidos, fueron obtenidos durante una visita que hicieron en 1998 a su familia en Torreón.

Conclusiones

Tomando como base la información contenida en la comunicación personal inicial, en los documentos existentes en archivos estatales, municipales, nacionales, parroquiales y privados, y en el análisis de los testimonios orales obtenidos con veintiocho descendientes de las familias Fermán Quiñones, Quiñones López y Fermán Mendoza, quienes con una sóla excepción, en ningún momento ignoraron, contradijeron, negaron o pusieron en duda el parentesco existente entre Luis Fermán Gurrola y José Doroteo Arango, alias Francisco Villa, puede concluirse:

◆ Hacia la década de 1830, un emigrante europeo llamado Luis Fermán, de origen judío-austriaco, procedente del Principado de Liechtenstein, llegó a México y se asentó en San Juan del Río, Durango, adquirió una propiedad rústica llamada Ciénega de Basoco, contrajo matrimonio con Úrsula Gurrola y procreó tres hijos: Luis, Jorge, y Candelaria Fermán Gurrola.

◆ Luis Fermán Gurrola, hijo de Luis Fermán y Úrsula Gurrola, nació en 1836 en San Juan del Río, Durango; residió toda su vida en la Ciénega de Basoco, contrajo matrimonio religioso con Rosario Gracia, y procreó dos hijos: Luis en 1868 y Miguel en 1870, quienes nacieron en la Ciénega de Basoco y fueron bautizados en la parroquia de San Francisco de Asís, en San Juan del Río, Durango.

◆ Durante los años setenta del siglo XIX, Luis Fermán Gurrola y Micaela Arámbula de Arango, que trabajaba como sirvienta en la Ciénega de Basoco, tuvieron un affaire amoroso. Como resultado, el 5 de junio de 1878, la señora Arango dió a luz un hijo en el poblado de Río Grande, que fue bautizado en la parroquia de San Francisco de Asís con el nombre de José Doroteo Arango.

◆ Basado en esta información, se concluye, finalmente, que José Doroteo Arango, conocido comúnmente como Francisco "Pancho" Villa, fue hijo natural o ilegítimo del hacendado Luis Fermán Gurrola y de la señora Micaela Arámbula de Arango.

NOTAS

CAPÍTULO UNO

1. Sobre Villa hay publicados numerosos libros, ensayos, monografías, artículos en revistas especializadas, artículos periodísticos y biografías. Sólo en inglés y español, la bibliografía es muy extensa.

2. Almada 1984, 564.

3. Badillo Soto 1985, 31. En ninguno de los documentos disponibles sobre José Doroteo Arango es citada la Coyotada, un caserío, como el lugar de su nacimiento, sino el pueblo de Río Grande, Dgo.

4. Krauze 1987, 7.

5. Vargas 1972, 7. Francisco Piñón Carbajal, hijo adoptivo de Villa, declaró:

> El general Villa, aunque bautizado como católico, no era un fanático, ni religioso ni antirreligioso. Al contrario, era un librepensador muy tolerante con las creencias de sus subordinados y familiares, yo incluido, que pertenecía a la iglesia metodista de Chihuahua. Yo recuerdo muy bien que la religión, ninguna religión, fuera un asunto que le preocupara particularmente Además, era totalmente abstemio, fumaba tabaco esporádicamente, no fumaba mariguana, no era un soldado americano, no era negro, nunca fue un estratega a la altura de Napoleón y tampoco pretendió serlo.

Entrevista personal: "Mis Conversaciones con Francisco Piñón," Rubén Osorio, noviembre 20, 1976, Chihuahua,

Chih. Archivos del Big Bend, Sul Ross State University, Alpine, Texas.

6. Puente 1934, 239-274.

7. Velázquez Bringas *Excélsior,* julio 23, 1923.

8. Ibídem.

9. Gonzalo de Palacio, recorte sin fecha del periódico *La Prensa,* México, D. F. En los papeles de Emma Saucedo Quiñones, Cuautitlán-Izcalli, Estado de México, México.

10. Borrego 1980, 302.

11. Muñoz 1953, 7.

12. Medina Ruiz 1960, 13.

13. Torres 1975, 9-10. En 1920, Torres intervino como mediador entre Villa y De la Huerta, presidente de la república, para lograr un acuerdo de paz. A pesar de que conoció bien a Villa, Torres cometió varias imprecisiones en su cita: el nombre correcto del rancho que menciona, es Güagojito, no Guajito; pertenecía a la hacienda de Santa Isabel de Berros, no Santa Isabel de Barros; estaba situada en el municipio de Canatlán, no en el de Acatlán. Y es imposible que Agustín Arango hubiera vivido con su familia en 1895, porque falleció en 1890 en el mineral de San Lucas, Dgo.

14. Herrera 1964, 11. No existe ninguna otra referencia en el sentido de que Villa hubiese nacido en el rancho El Pajarito, Durango.

15. Acta del matrimonio celebrado entre Luz Corral Fierro y Francisco Villa el 27 de mayo de 1911. Archivo de la parroquia de San Andrés, Chihuahua. Copia en el archivo del autor.

16. Acta del matrimonio celebrado entre Carmen Torres y Máximo García, julio 24, 1915. Libro 2 del registro civil. Ciudad Lerdo, Durango. Copia en el archivo del autor.

17. Bautizo de la niña María del Carmen Lozoya, hija del minero y hacendado de Durango Sabás Lozoya y Rebeca Soto de Lozoya. Fueron padrinos el Gral. Francisco Villa y Austreberta Rentería de Villa. Julio 5, 1923, caja 63, libro 20, acta 219, p. 2. Archivo de la parroquia del Valle de Allende, Chihuahua. Copia en el archivo del autor.

18. Acta de defunción de Francisco Villa, julio 21, 1923. Acta No. 307, libro 11 de defunciones, muerto el 20 de julio por heridas de arma de fuego. Juzgado del registro civil, Hidalgo del Parral, Chihuahua. Copia en el archivo del autor.

19. Foix 1960, 21–22.

20. Vilanova 1979, 23.

21. Shorris 1980, 3.

22. Lavretsky y Adolfo Gilly 1978, 17. Lavretsky no se enteró que en 1878, cien años antes de que escribiera su ensayo sobre Villa, ya se conocía la fecha exacta del nacimiento de José Doroteo Arango. Tampoco supo que nada tiene que ver el estado de Durango con los tarahumares (indios rarámuris) que viven en la Sierra Madre de Chihuahua. Y su afirmación de que Villa era un mestizo español-indio tarahumar, es una fantasía que nada tiene que ver con la historia. La razón de estos errores es que Lavretsky no era historiador. El era un agente sovietico que fue a la Ciudad de México a organizar el asesinato de León Trotsky.

23. Ruíz 1980, 186. Ruíz confunde la fecha del nacimiento de José Doroteo Arango (junio 5, 1878), con la fecha de su registro civil en San Juan del Río (julio 7, 1878).

24. Machado 1988, 10.

25. Rouverol 1972, 3.

26. Van Warrebey 1994, 22.

27. Guzmán 1954, 37. El coronel Martín Luis Guzmán, padre del escritor, estaba muy ligado al régimen de Porfirio Díaz. Al inicio de la revolución en Chihuahua, Guzmán fue herido gravemente en el cañón de Malpaso, Chih., por las tropas de Pascual Orozco y murió el 29 de diciembre de 1910 en la ciudad de Chihuahua. En 1954, su hijo del mismo nombre, al pronunciar su discurso de ingreso a la Academia Mexicana de la Lengua, declaró que en 1908 siendo estudiante de la Escuela Nacional Preparatoria, se entrevistó con Porfirio Díaz para preguntarle «si una procesión de antorchas para celebrar la independencia de la Nación, no la consideraría lesiva para el orden y la paz en el país». En su discurso confesó que al ver junto a él, a medio paso, a don Porfirio «. . . súmmum de la grandeza encarnada, mi emoción sólo fue comparable a la que tuvieron los griegos al ver tendido en el polvo al cadáver de Héctor». Debido a su origen social, a que admiraba exageradamente a Díaz, y a la muerte de su padre a manos de revolucionarios de Chihuahua, Guzmán no sentía la menor simpatía, ni por la revolución ni por Chihuahua, Orozco o Villa. Por estas razones, en *El águila y la serpiente*, pinta a este último de manera extremadamente negativa. Y en su novela *Memorias de Pancho Villa*, distorsiona la manera de hablar del revolucionario y lo hace expresarse con un lenguaje muy degradado, como si fuese un individuo zafio y carente de la más elemental educación, lo cual es inexacto. Durante diez años de guerra, Villa, que aprendió a leer y a escribir antes de la revolución, en su trato constante con numerosas personas más cultas que él, tanto mexicanos como extranjeros, se cultivó hasta el grado de poder expresarse normalmente y sin

dificultad. De esto dan fe numerosas entrevistas que concedió a la prensa.

28. Ibídem, 11. Para averiguar lo que Villa dictó realmente a sus secretarios (sólo 257 de un total de 911 páginas que tienen las memorias noveladas de Guzmán) es necesario hacer una cuidadosa comparación de los manuscritos dictados por Villa y el texto publicado.

29. Katz 1998, 2.

30. Braddy 1955, 8.

31. Ibídem, 8.

32. Ibídem, 11. La palabra Boanerges se encuentra en la Biblia, Marcos 3:17: "Y James, el hijo de Zebedeo, y Juan, el hermano de James. Y el los llamó Boanerges, que es, los hijos del trueno."

33. Partida de nacimiento no. 223 existente en los archivos municipales de San Juan del Río, Dgo., dice:

> En San Juan del Río, a 7 de julio de mil setecientos setenta y ocho, ante mí, Jesús Quiñones, Juez del Estado Civil, se presentó Agustín Arango en unión de los testigos Gregorio Asevedo e Ignacio Alvarado y espuso: que la tarde del 5 de junio anterior, nació en Río Grande un niño que ha de llamarse Doroteo, hijo legítimo de Agustín y de Micaela Arámbula y son sus abuelos paternales Antonio Arango y Faustina Vela y maternos Trinidad Arámbula y María de Jesús Alvarez, nacidos todos y vecinos de dicho punto. Y yo, el presente juez, mandé levantar esta acta que leí al interesado y testigos nombrados quienes estuvieron conformes en su contenido y firmaron conmigo uno de los testigos, sin haberlo hecho el otro. Damos fe Jesús Quiñones, Ignacio Alvarado, rúbricas.

34. El acta de bautismo existente en la parroquia de San Francisco de Asís, en San Juan del Río, Dgo., dice:

> En la Parroquia de San Juan del Río, a los siete días del mes de julio de 1878, yo, el Presbítero José Andrés Palomo, cura encargado de esta Villa, bauticé solemnemente a un niño que nació en el Río Grande el día cinco del pasado, le puse por nombre José Doroteo. Es hijo legítimo de Agustín Arango y de Micaela Arámbula: sus abuelos paternos son Antonio Arango y Feliciana Vela; los maternos Trinidad Arámbula y María de Jesús Alvarez. Fueron padrinos Eugenio Acevedo y Albina Arámbula, a quienes advertí el parentesco espiritual y obligaciones de su cargo. Y para que conste la firmo. J. Andrés Palomo, rúbrica.

35. Pablo Camacho Fermán, comunicación personal, Chihuahua, Chih., mayo 20, 1986.

36. Ibídem

37. Ibídem

38. Ibídem

39. No hay evidencia alguna de que el ataque a la Ciénega de Basoco, haya sido hecho por Villa.

40. En el Estado de Durango: San Juan del Río, Ciénega de Basoco, Rio Grande, la Coyotada, Ciénega Grande, Menores de Abajo, San Lucas, Canatlán, Miguel Negrete, San Fermín de Pánuco (actualmente Pánuco de Coronado) y la Ciudad de Durango. En el Estado de México: Cuautitlán-Izcalli. En el Estado de Coahuila: Torreón. En el Estado de Jalisco: Guadalajara. En el Estado de Chihuahua: San Andrés, Santa Isabel, Satevó, Valle de Allende, Hidalgo del Parral, Ciudad Juárez y la Ciudad de Chihuahua.

CAPÍTULO DOS

1. Archivo Público de la Propiedad, padrón de las propiedades rústicas de Durango, año de 1898. Gloria Cano, comunicación personal, enero 28, 1997.

2. Expediente de Francisco Villa, 1880; lista de los bandidos de Francisco Villa, mayo 22 de 1888. Archivo Histórico del Gobierno del Estado de Durango, Dgo. Caja con documentos del Partido de San Juan del Río, Dgo.

3. Carlos Estrada Barraza, comunicación personal, Durango, Dgo., febrero 8, 1997.

4. Partida de nacimiento numero 223 de José Doroteo Arango, hijo de Agustín Arango y Micaela Arámbula, junio 5, 1878. Partida de bautizo de José Doroteo Arango, hijo de Agustín Arango y Micaela Arámbula, junio 5, 1878. Libro 29, foja 50. Partidas de bautizo de María Ana, nació en el Río Grande, julio 25, 1879, libro 29, foja 154; José Antonio, nació en el Potrero de Parra, julio 25, 1880, libro 30, foja 81; María Martina, nació en el Río Grande, enero 30, 1882, libro 31, foja 76; y José Hipólito, nació en El Mezquite, agosto 3, 1883, libro 32, foja 44. Todos hijos legítimos de Agustín Arango y Micaela Arámbula. Archivo Parroquial de San Francisco de Asís, San Juan del Río, Dgo.

5. Acta de matrimonio de Luis Fermán Gurrola y Rosario Gracia, junio 15, 1868. Libro de matrimonios número 9, folio 78. Archivo Parroquial de San Francisco de Asís, San Juan del Río, Dgo. Partida de bautizo de José Luis Fermán Gracia, hijo de Luis Fermán Gurrola y Rosario Gracia, diciembre 31, 1868. Libro de bautizos número 24, 1867-1869. Archivo Parroquial de San Francisco de Asís, San Juan del Río, Dgo. Partida de bautizo de José

Miguel Fermán Gracia, hijo de Luis Fermán Gurrola y Rosario Gracia, febrero 20, 1870. Libro 23 de bautizos, folio 39. Archivo Parroquial de San Francisco de Asís, San Juan del Río, Dgo.

6. Acta de matrimonio de Luis Fermán Gurrola y Rosario Gracia, junio 15, 1868. Libro de matrimonios número 9, folio 78. Archivo Parroquial de San Francisco de Asís, San Juan del Río, Dgo. Acta de matrimonio de Miguel Fermán Gracia y Rafaela Quiñones, julio 15, 1899. Libro de matrimonios número 14, (1895–1906), folio 153. Archivo Parroquial de San Francisco de Asís, San Juan del Río, Dgo.

7. Acta de matrimonio de Agustín Arango, de 28 años, originario de San Juan del Río, hijo de Antonio Arango y Faustina Vela, con Miqueila Arámbula, de 20 años de edad, originaria de San Juan del Río, hija de Trinidad Arámbula y María de Jesús Alvarez. Mayo 25, 1877. Libro 3 de matrimonios, foja 43, partida 104. Archivo Parroquial de San Fermín de Pánuco, Dgo.

8. Luis Carbajal, comunicación personal, Canatlán, Dgo., enero 28, 1997.

9. Ibídem

CAPÍTULO TRES

1. Jesús Fermán Aguilera, entrevista personal, Torreón, Coah., febrero 1, 1997.

2. José Fermán Aguilera, entrevista personal, Torreón, Coah., febrero 1, 1997.

3. Manuela Quiñones Santillano, entrevista personal, Torreón, Coah., febrero 1, 1997 y Jesús Quiñones Quiñones, entrevista personal, Torreón, Coah., febrero 1, 1997.

4. Jesús Fermán Flores, entrevista personal, Torreón, Coah., febrero 1, 1997.

5. María de Jesús Quiñones Alvarado, entrevista personal, Cuautitlán-Izcalli, Estado de México, febrero 3, 1997. Y Emma Saucedo Quiñones, entrevista personal, Cuautitlán Izcalli, Estado de México, febrero 3, 1997.

6. Francisca Quiñones Orozco, entrevistas personales, San Juan del Río, Dgo., junio 4, 1997 y febrero 2, 1998.

7. Silvestre Quiñones Quiñones, entrevista personal, San Juan del Río, Dgo., junio 6, 1997.

8. María del Refugio Quiñones, entrevista personal, San Juan del Río, junio 6, 1997.

9. María Pedroza de Estrada, entrevista personal, Torreón, Coah., noviembre 1, 1997.

10. María de Socorro Camacho Fermán, entrevista personal, Torreón, Coah., noviembre 1, 1997.

11. Guadalupe Camacho de Téllez, entrevista personal, Torreón, Coah., noviembre 2, 1997.

12. Luz Aranda Fermán, entrevista personal, Torreón, Coah., noviembre 2, 1997.

13. Manuel Alvarado Fermán, entrevista personal, San Juan del Río, Dgo., enero 25, 1998.

14. Inés Fermán de Deydier, entrevista personal, Torreón, Coah., junio 8, 1998.

15. Gabriela Fermán Flores, entrevista personal, Torreón, Coah., junio 8, 1998.

16. Cecilia Ferman de García, entrevista personal, Torreón, Coah., junio 8, 1998.

17. Lucía Fermán Flores, entrevista personal, Torreón, Coah., junio 8, 1998.

18. Socorro Fermán de Muñiz, entrevista personal, Torreón, Coah., junio 8, 1998.

19. Carta de Pablo Camacho Ferman a Socorro Camacho Ferman, Chihuahua, mayo 30, 1995.

20. Ibídem

21. Rafaela Fermán Hernández, entrevista personal, Guadalajara, Jal., diciembre 23, 1998.

22. María Elena Fermán Hernández, entrevista personal, Guadalajara, Jal., diciembre 23, 1998.

23. Teresa Fermán Hernández, entrevista personal, Guadalajara, Jal., diciembre 23, 1998.

24. Luz Fermán de Rivera, entrevista personal, Guadalajara, Jal., diciembre 23, 1998.

25. Juan Fermán Hernández, entrevista personal, Guadalajara, Jal., diciembre 23, 1998.

26. Margarita Camacho de López-Puga, Guadalajara, Jal., diciembre 23, 1998.

27. Josefina Fermán de Villarán, entrevista personal., Guadalajara, Jal., diciembre 24, 1998.

28. Rosario Fermán de León, entrevista personal, Torreón, Coah., enero 8, 1999.

CAPÍTULO CUATRO

1. Partida de nacimiento de María Micaela de Jesús Arámbula, hija de Trinidad Arámbula y María de Jesús Alvarez. Junio 1, 1851. Libro de nacimientos, 1851.

Archivo Parroquial de San Francisco de Asís, San Juan del Río, Dgo.

2. Partida de nacimiento de María Agustina Arámbula, hija natural de Micaela Arámbula. Abuelos maternos, Trinidad Arámbula y María de Jesús Alvarez. Agosto 31, 1871. Libro de nacimientos, 1871. Archivo Parroquial de San Francisco de Asís, San Juan del Río, Dgo.

3. Acta de matrimonio de Agustín Arango, de 28 años, originario de San Juan del Río, hijo de Antonio Arango y Faustina Vela, con Miqueila Arámbula, de 20 años de edad, originaria de San Juan del Río, hija de Trinidad Arámbula y María de Jesús Alvarez. Mayo 25, 1877. Libro 3 de matrimonios, foja 43, partida 104. Archivo Parroquial de San Fermín de Pánuco, Dgo.

4. Arbol genealógico de Agustín Arango Vela. Archivo privado de Carlos Estrada Barraza, Durango. Dgo.

5. Arbol genealógico de Micaela Arámbula Alvarez. Archivo privado de Carlos Estrada Barraza, Durango, Dgo.

6. Partida de bautizo de José Doroteo Arango, hijo de Agustín Arango y Micaela Arámbula, junio 5, 1878. Libro 29, foja 50. Archivo Parroquial de San Francisco de Asís.

7. Partidas de bautizo de María Ana, nació en el Río Grande, julio 25, 1879, libro 29, foja 154; José Antonio, nació en el Potrero de Parra, julio 25, 1880, libro 30, foja 81; María Martina, nació en el Río Grande, enero 30, 1882, libro 31, foja 76; y José Hipólito, nació en El Mezquite, agosto 3, 1883, libro 32, foja 44. Todos hijos legítimos de Agustín Arango y Micaela Arámbula. Archivo Parroquial de San Francisco de Asís, San Juan del Río, Dgo.

8. Partida de nacimiento de Petra Arango, hija natural de Ana Arango. Abuelos maternos Agustín Arango y Micaela Arámbula. Junio 16, 1901. Libro 42, foja 102, partida 401. Archivo Parroquial de San Francisco de Asís, San Juan del Río, Dgo.

9. Velázquez Bringas *Excélsior*, julio 23,1923.

10. Borrego 1980, 302.

11. Gonzalo de Palacio s/fecha.

12. Puente 1934, 239–274.

13. Braddy 1955, 8–11.

14. Acta de matrimonio de Luis Fermán Gurrola y Rosario Gracia, junio 15, 1868. Libro de matrimonios número 9, folio 78. Archivo Parroquial de San Francisco de Asís, San Juan del Río, Dgo.

15. Partida de bautizo de José Luis Fermán Gracia, hijo de Luis Fermán Gurrola y Rosario Gracia, diciembre 31, 1868. Libro de bautizos número 24, 1867–1869. Archivo Parroquial de San Francisco de Asís, San Juan del Río, Dgo.

16. Partida de bautizo de José Miguel Fermán Gracia, hijo de Luis Fermán Gurrola y Rosario Gracia, febrero 20, 1870. Libro 23 de bautizos, folio 39. Archivo Parroquial de San Francisco de Asís, San Juan del Río, Dgo.

17. Acta de matrimonio de Miguel Fermán Gracia y Rafaela Quiñones, julio 15, 1899. Libro de matrimonios número 14, (1895–1906), folio 153. Archivo Parroquial de San Francisco de Asís, San Juan del Río, Dgo.

18. "Colección de Corridos y Canciones de la Revolución." Margarita Caballero de Rubio, Chihuahua. Copia en el archivo del autor.

19. Acta de matrimonio de Paz Arámbula, hija de Trinidad Arámbula y María de Jesús Alvarez, con Tomás Franco.

20. Testimonios de María de Jesús Quiñones de Saucedo, Francisco Quiñones, Guadalupe Fermán de Téllez y Silvestre Quiñones, en esta misma obra.

21. Periódico *El Criterio*, Durango, Dgo., septiembre 20, 1911. Hemeroteca del Estado de Durango, Durango, Dgo.

22. Testimonio de Silvestre Quiñones en esta misma obra.

23. Periódicos *La Evolución, El Criterio, El Domingo,* año 1911. Hemeroteca del Estado de Durango, año 1911.

24. Almada 1980, 478.

25. Luz Corral de Villa, entrevista personal con Rubén Osorio. Colección de Historia Oral, Archivos de la Universidad Estatal Sul Ross, Alpine, Texas.

26. Soledad Armendáriz de Orduño, entrevista personal con Rubén Osorio, tal como está citada en *Pancho Villa, Ese desconocido,* 44-55.

27. Periódico *El Correo de Chihuahua,* agosto 4, 1911. CIDECH, Chihuahua, Chih.

28. Comunicación personal, Elisa Ames Russek, Chihuahua, Chih. noviembre 30, 1999.

29. Corral de Villa 1981, 26.

30. Jesús y José Fermán, comunicación personal, febrero 1, 1997, Torreón, Coah.

31. Rafaela Fermán, comunicación personal, enero 31, 1997, Guadalajara, Jal.

BIBLIOGRAFIA

Almada, Francisco R. 1963. *La Revolución en el Estado de Chihuahua.* 2 vols. México, D.F.: Talleres Gráficos de la Nación.

_____. 1980. *Gobernadores del Estado de Chihuahua.* 1951. Reprint. Chihuahua, Chih.: Centro Librero La Prensa.

_____. 1984. *Diccionario de Historia, Geografía y Biografía chihuahuenses.* Ciudad Juárez, Chih.: Impresora de Juárez.

Badillo Soto, Carlos. 1985. *Mátalos en caliente.* Durango, Dgo.: Tipografía Azteca.

Borrego, Salvador. 1980. *América peligra.* México, D. F.: Editorial JUS.

Braddy, Haldeen. 1955. *Cock of the Walk: Qui-qui-ri quí! The Legend of Pancho Villa.* Albuquerque, N.M.: University of New Mexico Press.

_____. 1978. *The Paradox of Pancho Villa.* El Paso, Tex.: Texas Western College Press.

Corral de Villa, Luz. 1981. *Pancho Villa en la intimidad.* Chihuahua, Chih.: Centro Librero La Prensa.

De Palacio, Gonzalo. Sin fecha. *La Prensa.* México, D.F.

Foix, Pere. 1960. *Pancho Villa.* México, D.F.: Editorial Trillas.

Guzmán, Martín Luis. 1954. *Discurso de ingreso a la Academia Mexicana de la Lengua.* México, D.F.: Revista Tiempo, Marzo 1.

_____. 1972. *Memorias de Pancho Villa,* 1951. Reprint. México, D.F.: Compañía General de Ediciones.

Herrera, Celia. 1964. *Francisco Villa: Ante la historia*. México, D.F.: Editorial Libros de México.

Jaurrieta, José María. 1953. *Seis años con el General Villa*. Manuscrito original inédito, Archivo de Clinton Luckett, El Paso, Tex.

Katz, Friedrich. 1998. *The Life and Times of Pancho Villa*. Stanford, Calif.: Stanford University Press.

Krauze, Enrique. 1987. *Entre el ángel y el fierro: Francisco Villa*. México, D.F.: Fondo de Cultura Económica.

Lavretsky, I., y Adolfo Gilly. 1978. *Pancho Villa: Dos ensayos*. México, D.F.: Editorial Macehual.

Machado, Manuel A. Jr. 1988. *Centaur of the North: Francisco Villa, the Mexican Revolution, and Northern Mexico*. Austin, Tex.: Eakin Press.

Medina Ruiz, Fernando. 1960. *Francisco Villa: Cuando el rencor estalla*. México, D.F. Editorial JUS.

Muñoz, Rafael F. 1953. *Pancho Villa: Rayo y azote*. México, D.F.: Populibros La Prensa.

Osorio, Rubén. 1988. *La Correspondencia de Francisco Villa. Cartas y Telegramas de 1912 a 1923*. Ciudad de Chihuahua: Talleres Gráficos del Estado.

_____. 1988. *Pancho Villa, ese desconocido*. Ciudad de Chihuahua: Talleres Gráficos del Estado.

_____. 1995. *La muerte de dos generales: Felipe Angeles y Francisco Villa*. En prensa en la Universidad Autónoma de Ciudad Juárez, Chih.

Puente, Ramón. 1934. Francisco Villa. En *Historia de la Revolución Mexicana*, 2 vols., by José T. Meléndez, 239–274. México, D. F.: Talleres Gráficos de la Nación.

Rouverol, Jean. 1972. *Pancho Villa: A Biography.* New York: Doubleday and Company.

Ruíz, Ramón Eduardo. 1980. *The Great Rebellion: Mexico, 1905–1924.* New York: W.W., Norton and Company.

Shorris, Earl. 1980. *Under the Fifth Sun: A Novel of Pancho Villa.* New York: Delacorte Press.

Torres, Elías. 1975. *Vida y hazañas de Pancho Villa.* México, D.F.: Editorial Epoca.

Van Warrebey, Glenn. 1994. *Las Tácticas Gerenciales de Pancho Villa.* México, D.F.: Editorial Panorama.

Vargas, Juan Bautista. 1972. *A Sangre y fuego con Pancho Villa.* México, D.F.: Fondo de Cultura Económica.

Velázquez Bringas, Esperanza. 1923. "El secreto del nacimiento de Francisco Villa." *Periódico Excélsior,* no. 2318, Segunda Sección. julio 23, 1923. México, D.F.

Vilanova, Antonio. 1979. *Muerte de Villa.* México, D.F.: Editores Mexicanos Unidos.

FUENTES ARCHIVALES

ARCHIVOS MUNICIPALES, ESTATALES Y NACIONALES

Archives of the Big Bend, Sul Ross State University, Alpine, Tex.
Archivo Fotográfico Casasola, México, D. F.
Archivo Fotográfico del Museo de la Revolución, Chihuahua, Chih.
Archivo General de la Nación, México, D.F.
Archivo del Gobierno del Estado, Durango, Dgo.
Archivo Municipal de Chihuahua, Chih.

Archivo Municipal de Ciudad Lerdo, Dgo.
Archivo Municipal de Durango, Dgo.
Archivo Municipal de Hidalgo del Parral, Chih.
Archivo Municipal de San Andrés, Chih.
Archivo Municipal de San Juan del Río, Dgo.
Archivo Municipal de Santa Isabel, Chih.
Archivo Municipal de Satevó, Chih.
Archivo Público de la Propiedad, Durango, Dgo.
Archivo Público de la Propiedad,
    Hidalgo del Parral, Chih.
Archivo Público de la Propiedad, San Juan del Río, Dgo.
Archivo de la Secretaría de la Defensa Nacional,
    México, D.F.
Archivo del Supremo Tribunal de Justicia,
    Chihuahua, Chih.
Centro de Información del Estado de Chihuahua,
    Chihuahua, Chih.

ARCHIVOS PARROQUIALES

Archivo de la Parroquia de Canatlán, Dgo.
Archivo de la Parroquia de San Andrés, Chih.
Archivo de la Parroquia de San Fermín de Pánuco, Dgo.
Archivo de la Parroquia de San Francisco de Asís,
    San Juan del Río, Dgo.
Archivo de la Parroquia de San José, Hidalgo del Parral,
    Chih.
Archivo de la Parroquia de Valle de Allende, Chih.

PERIODICOS

El Correo, Chihuahua, Chih.
El Criterio, Durango, Dgo.
El Domingo, Durango, Dgo.
Excélsior, México, D.F.
La Evolución, Durango, Dgo.
La Prensa, México, D.F.

El Sol, Durango, Dgo.
Vida Nueva, Chihuahua, Chih.

COLECCIONES PRIVADAS

Archives of Clinton A. Luckett, El Paso, Tex.
Archivo de Carlos Estrada Barraza, Durango, Dgo.
Archivo de Francisco Piñón, Chihuahua, Chih.
Archivo Fotográfico de José Fermán Aguilera,
    Torreón, Coah.
Archivo Fotográfico de Ramón Reyes García,
    Chihuahua, Chih.
Archivo de Luz Corral de Villa, Chihuahua, Chih.
Colección de Historia Oral de Rubén Osorio,
    Chihuahua, Chih.

COMUNICACIONES PERSONALES

Ames Russek, Elisa, Chihuahua, Chih.
Caballero de Rubio, Margarita, Parral, Chih.
Camacho Fermán, Pablo, Chihuahua, Chih.
Cano, Gloria, Durango, Dgo.
Carbajal, Luis, Canatlán, Dgo.
Carreño, Esbardo, San Juan del Río, Dgo.
Corral de Villa, Luz, Chihuahua, Chih.
Estrada Barraza, Carlos, Durango, Dgo.
Fermán Gamboa, Esperanza, San Juan del Río, Dgo.
Fermán Hernández, Rafaela, Guadalajara, Jal.
Fermán, María Guadalupe, Durango, Dgo.
Garibay Valenzuela, Flor, Nuevo Ideal, Dgo.
Jiménez Martínez, Javier, San Juan del Río, Dgo.
Palencia Alonso, Héctor, Durango, Dgo.
Ponce, Ana María, San Juan del Río, Dgo.
Quiñones de Alanís, Elfega, Durango, Dgo.
Quiñones Fermán, Guadalupe, Ciudad Juárez, Chih.
Reyes Landa, María Luisa, Durango, Dgo.
Valle Bueno, Miguel, Durango, Dgo.

ENTREVISTAS PERSONALES

Alvarado Fermán, Manuel, San Juan del Río, Dgo.
Aranda Fermán, Luz, Torreón, Coah.
Camacho Fermán, Socorro, Torreón, Coah.
Camacho de López-Puga, Margarita, Guadalajara, Jal.
Camacho de Téllez, Guadalape, Torreón, Coah.
Fermán Aguilera, Jesús, Torreón, Coah.
Fermán Aguilera, José, Torreón, Coah.
Fermán de Deydier, Inés, Rosario, Argentina
Fermán Flores, Gabriela, Torreón, Coah.
Fermán Flores, Jesús, Torreón, Coah.
Fermán Flores, Lucía, Torreón, Coah.
Fermán de García, Cecilia, Gradignan, France
Fermán Hernández, Juan, Guadalajara, Jal.
Fermán Hernández, María Elena, Guadalajara, Jal.
Fermán Hernández, Rafaela, Guadalajara, Jal.
Fermán Hernández, Teresa, Guadalajara, Jal.
Fermán de León, Rosario, Torreón, Coah.
Fermán de Muñiz, Socorro, Bear River, Utah, U.S.A.
Fermán de Rivera, Luz, Guadalajara, Jal.
Fermán de Villarán, Josefina, Guadalajara, Jal.
Pedroza de Estrada, María, Torreón, Coah.
Quiñones, María de Jesús, Cuauhtitlán-Izcalli,
      Estado de México
Quiñones Orozco, Francisca, San Juan del Río, Dgo.
Quiñones Quiñones, Jesús, Torreón, Coah.
Quiñones Santillano, Manuela, Torreón, Coah.
Quiñones, Silvestre, San Juan del Río, Dgo.
Saucedo Quiñones, Emma, Cuauhtitlán-Izcalli,
      Estado de México